AI 슈퍼리치의 탄생

AI 슈퍼리치의 탄생

발행일   2024년 10월 11일

지은이   김연규
펴낸이   손형국
펴낸곳   (주)북랩
편집인   선일영   편집   김은수, 배진용, 김현아, 김다빈, 김부경
디자인   이현수, 김민하, 임진형, 안유경, 한수희   제작   박기성, 구성우, 이창영, 배상진
마케팅   김회란, 박진관
출판등록   2004. 12. 1(제2012-000051호)
주소   서울특별시 금천구 가산디지털 1로 168, 우림라이온스밸리 B동 B111호, B113~115호
홈페이지   www.book.co.kr
전화번호   (02)2026-5777   팩스   (02)3159-9637

ISBN   979-11-7224-316-6 03320 (종이책)   979-11-7224-317-3 05320 (전자책)

(주)북랩 성공출판의 파트너

북랩 홈페이지와 패밀리 사이트에서 다양한 출판 솔루션을 만나 보세요!

홈페이지 book.co.kr   •   **블로그** blog.naver.com/essaybook   •   **출판문의** text@book.co.kr

작가 연락처 문의 ▶ ask.book.co.kr

작가 연락처는 개인정보이므로 북랩에서 알려드릴 수 없습니다.

AI
슈퍼리치의 탄생

김연규 지음

북랩

이 책은 이미 시작된 인공지능 시대에 비전공자들도 현재 상황을 쉽게 이해할 수 있도록 인공지능에 대해 알려 주고 있다. 인간 이성에 대한 고찰을 바탕으로 인공지능이 향후 발전해 나갈 방향에 대해 제시해 주고 있는 점에서 가치가 높다. 인공지능의 도입을 검토하는 경영자들에게도 도움이 될 것이다.

SK 하이닉스 사장 **송현종**

굴지의 통신사에서 시대가 요구한 신사업의 변화를 최전선에서 경험한 저자의 통찰력은 연결과 개인화의 시대를 거쳐 데이터가 자원이 되는 AI 시대를 맞이하여 개인과 조직이 이를 어떻게 이해하고 적용할 것인가에 대해 뛰어난 스토리텔링을 전해 주고 있다.

AI는 귀납적 접근이라는 이해는 보험업에서도 미래형 비즈니스를 논할 때 중요한 화두로 삼을 만하다.

미래에셋생명 재무부문대표 **조성식**

이 책은 인공지능이 실제로 시장에서 어떻게 확산되어 나갈지 예측할 수 있는 핵심 요소를 제시하면서, 각 산업별로 인공지능 적용 속도 차이가 왜 발생하는지 설명하고, 숨어 있는 장애물들이 어디에 있을지 예측하고 있다. 인공지능의 미래 모습을 예측하는 데 가장 현실성 높은 이야기를 하고 있다.

LG AI 연구원장 **배경훈**

인공지능이 모든 분야에 스며들고 있는 시대이다. 인공지능을 기술적 관점뿐 아니라 인문학, 사회학, 경제학 관점에서 바라보는 통찰이 더욱 중요한 이 시대 이 책은 다양한 관점에서 새로운 시각을 제공한다. 더불어 빠르게 변해 가는 인공지능 시대 투자를 고민하고 있는 분들에게도 참고할 수 있는 저자만의 시각이 독자들에게 신선한 자극을 줄 것이다.

네이버클라우드 AI 혁신 센터장 **하정우**

저자는 본인이 카카오톡도 모르던 시절에 만난 인연이다. 이후 만날 때마다 미래 세상의 메커니즘과 기술의 미래에 대하여 묻고 토론하던 이 분야 나의 멘토이다. 이제 그가 수십 년간 현업에서 치열하게 고민하고, 경험한 기술과 AI(인공지능)라는 주제를 이 책을 통해 세상에 던지려 한다. 저자의 명쾌한 통찰은 누군가의 마음에 불을 지르는 불씨가 되고, 어두운 밤길에 방향을 제시하는 등불이 되어 AI를 통해 인간이 행복한 세상을 만들어 나가는 지혜가 될 것임을 확신한다.

부산지식서비스산업협동조합 이사장 김귀환

챗봇(chatbot)에서 자율 주행 차량에 이르기까지 인공지능 기술이 광범위하게 확산되면서 사회를 크게 변화시키고 있다. 또한 인공지능(AI, Artificial Intelligence) 기술의 발전으로 전 산업 분야에 자동화가 촉진되어 생산성과 업무 효율성이 향상될 것으로 전망된다.

이러한 시점에 인공지능의 본질에 대해 한층 쉽게 이해할 수 있는 책이 발간되어 무척이나 반가운 마음이며, 많은 독자들이 이 책을 접하면서 다가올 인공지능 세상에 대하여 대비하고 또한 함께 상생할 수 있는 혜안을 가져 보기를 기대해 본다.

우즈베키스탄 정부 통상 자문관 선문대학교 석좌교수 김창건 기술 개발에 매몰되다 보면 그 의미에 대해 잊고 진행하는 경우가 많은데, 이 책을 통해 인공지능 기술이 가지는 의미를 다시 한번 생각하게 되었다. 기술과 인문학, 경영학을 통섭하여 저술된 이 책은 향후 인공지능을 활용한 기술 개발과 학생들에 대한 교육 측면에서 도움이 될 것으로 기대한다.

서울대학교 컴퓨터공학과 교수 **강유**

컴퓨터 발전의 역사에서 인공지능이 어떠한 패러다임 시프트를 만들어 내고 있는지 깔끔하게 설명해 주고 있다. 특히 인공지능이 메타데이터 처리를 통해 새로운 가능성을 만들어 내고 있다는 의견은 향후 연구와 활용 방향에 대한 중요한 시사점을 제공한다.

고려대학교 컴퓨터학과 교수 **정성우**

2016년 이세돌 9단과 알파고의 대결부터 2022년 ChatGPT의 등장까지 인공지능이 새로운 시대의 근간이 될 것이라는 믿음은 더욱 공고히 되고 있다. 그렇지만 그동안의 인공지능에 대한 개요서들은 기술적 배경과 기능의 소개에 집중되어 왔으며, 최근의 인공지능 기술에 대한 시장을 바라보는 많은 이들의 궁금증을 해소해 주지는 못하고 있다. 이 책은 시장의 관점에서 최근의 기술에 대한 발전을 복기하고, 이를 기반으로 인공지능 기술의 시장과 투자의 관점에 대한 통찰력 있는 개요를 제시하고 있다는 점에서 의미가 높다.

숙명여자대학교 인공지능공학부 교수 **김철연**

감사의 글

　저의 소싯적 꿈이자 목표가 3가지 있었는데, 그 3가지가 바로 책 한 권 쓰기, 영화 한 편 만들기, 음반 하나 만들기였습니다. 이 책은 저의 첫 번째 책으로, 제 목표 중 하나를 이룬 것입니다. 책과 관련된 원래의 꿈은 칸트의 순수이성비판처럼 역사에 남는 책을 저술하는 것이었으나, 현실적으로 불가능에 가깝다는 것을 깨닫고 과연 어떤 주제로 책을 쓸 것인지 선택하는 것이 쉽지는 않았습니다. 많은 고민을 바탕으로 그동안의 저의 사회 경험을 바탕으로 후배들에게 도움이 되는 주제를 선택하는 것으로 방향을 잡았습니다. 인공지능 관련 강연을 다녀 보면 청중들의 반응이 매우 좋아 용기를 얻어 이렇게 책까지 내게 되었습니다.

　책을 쓴다는 것이 생각보다 쉽지 않은 과정이었습니다. 책은 보고서나 논문 등과는 또 다른 영역이었고, 그러다 보니 생각보다 출간까지 오랜 시간이 걸렸습니다. 강연 원고 기준으로는 2024년 초에 내용은 어느 정도 기틀을 잡았으나, 막상 책의 형태로 만드는 데 수개월이 더 소요되었습니다. 더구나 인공지능이 ChatGPT 출시 이후로 너무나 급속하게 발전하고 있는 상황이라 책에서 예측했던 내용들이 예상보다 빠르게 구체화됨에 따라 책 내용의 신선도가 떨어져 갈 수 있어서 더욱 초조해져 가는 느낌이 드는 것이 상당한 스트레스였으나, 그래도 2024년이 지나기 전에 출간되어 기쁩니다. 이 과정에서 책의 형태를 갖출 수 있게 도와준 여러분들께 감사드립니다.

이 책의 내용은 제가 학창 시절부터 배웠던 내용과 독서했던 내용을 포함하여 SK Telecom에서 NATE, NUGU 등 여러 서비스를 상용화한 경험, 그리고 서울대학교 EMBA에서 수학했던 내용들을 종합하여 저술한 내용입니다. 제 지도 교수님이셨던 故 민상렬 교수님 그리고 회사에서 저에게 여러 기회와 가르침을 주셨던 박명순 부사장님, 서울대학교 EMBA의 여러 교수님 등 저에게 많은 영감과 가르침을 주셨던 분들께 이 책의 출간을 빌어 감사 인사를 드립니다.

마지막으로 저를 이 세상에 존재할 수 있게 해 주시고, 온갖 사랑과 정성으로 이만큼 키워 주신 부모님께 감사의 인사를 드립니다. 그리고 새로운 사업을 준비하고 책 저술에 몰두하느라 소홀했던 가족들에게 미안한 마음과 감사의 마음을 전합니다. 묵묵히 내조를 해 준 아내와 제 인생의 가장 소중한 보물인 두 딸에게 감사의 마음과 함께 이 책을 바칩니다.

　우리는 지금 인공지능으로 인한 큰 변화의 물결 초입에 서 있습니다. 최소 향후 10년간은 이 물결이 사회 여러 곳에 변화를 일으킬 것이고, 이미 주식 시장에는 반영되기 시작했습니다. 오픈AI는 챗GPT를 비롯해 놀라운 서비스를 계속 내놓고 있고, 2024년 들어 인공지능 기업을 중심으로 미국 시장 시가 총액 1위 자리가 변동하고 있습니다. 오픈AI 지분을 49% 보유한 마이크로소프트는 세계 시가 총액 1위를 탈환했었고, 엔비디아는 계속 사상 최고치를 경신하며 결국 2024년 6월 18일 기준 세계 시가 총액 1위에 올랐다가, 2024년 7월에는 애플이 인공지능 측면에서 개선된 서비스를 발표하면서 다시 시가 총액 1위를 탈환했습니다. 이렇듯 인공지능 관련 기업이 미국 주식 시장의 1위 자리를 변동시키는 상황입니다. 그러나 일부 사람들은 인공지능 붐을 타고 일어나는 현재 상황에 대해 한쪽에서는 제2의 IT 버블 논란을 우려합니다.

　이런 큰 변화는 IT 분야에서 이미 세 번째입니다. 첫 번째는 IT 버블이라 불리는 1990년대 후반의 웹 기반 혁명이고, 두 번째는 2000년대 후반 아이폰이 나오면서 만들어 낸 모바일 혁명입니다. 앞선 두 번의 혁명은 사업가와 투자자들에게 새로운 기회가 되었습니다. 이때 많은 슈퍼리치가 탄생했습니다. 이번 인공지능 혁명도 또다시 새로운 슈퍼리치의 탄생을 이끌 것입니다. 이미 2~3년 전에 엔비디아에 투자한 사람들은 10배가 넘는 수익을 올렸을 것입니다. 그리고 지금도 그 다음 투자처를 찾아 신사업을 검토하고 있습니다.

이렇게 IT 분야에서는 새로운 시장을 놓치지 않기 위해 치열한 경쟁이 한창입니다. 그런가 하면 다른 한편에서는 특이점(Singularity), 일반 인공지능(AGI), 초인공지능(ASI) 등을 이야기하면서 인공지능에 대한 막연한 두려움과 일자리 문제 등으로 효용이 떨어지는 토론이 벌어지기도 합니다. 한마디로, 너무 기술적인 이야기와 너무 비현실적인 상상이 넘쳐나는 상황입니다.

본 글에서는 인문학과 경영학적 관점을 통해 인공지능에 대한 본질과 한계를 탐구하고, 인공지능이 시장과 어떤 식으로 상호 작용 할 것인지 예측해 볼 것입니다. 그리고 인공지능 관련된 사업을 고려하는 사람이나 투자자에게 그 성공 가능성을 높이기 위해 고려해야 하는 다양한 요소들을 제시하면서 기존 두 번의 IT 혁명에서 벌어졌던 사례들의 교훈을 도출하여 종합적인 인사이트를 제공할 것입니다.

이와 같은 과정을 통해 인공지능 시장의 미래 예측 핵심 요소를 도출한 후, 이를 기준으로 각 세부 시장별로 어떤 식으로 다르게 작용하는지를 예측해 볼 것입니다. 이러한 과정은 실제로 이 분야에 대한 투자를 진행하거나 사업을 운영하는 사람들이 힌트를 얻을 것입니다. 나아가 미래에 새로운 유니콘으로 성장할 수 있는 인공지능 기업의 조건 등에 대해서도 이해하게 될 것입니다.

이 책은 3부로 구성되어 있습니다. 1부는 인문학적 관점을 결합하여 현재 인공지능의 본질과 한계에 대해서 다룹니다. 투자에 성공하려면 기술의 특성과 의미, 그리고 한계에 대해 명확히 인식해야 합니다. 2부는 인공지능이 시장과 어떻게 상호 작용 하고 세상을 변화시키면서 발전해 나갈지 예측해 봅니다. 그리고 인공지능이 가져올 사업적 환경 변화도 예측해 봅니다. 3부는 인공지능 분야에 투자하기 위해 알아야 할 사항으로 과거 다양한 사례들의 교훈을 도출해 보고, 인공지능이 만들어 갈 새로운 사업들과 연결해서 투자에 필요한 가이드라인을 제시합니다. 인공지능이 도대체 무엇인지, 과거의 컴퓨터와는 무엇이 다른 것인지 쉽게 이해하고 싶으신 독자분들은 1부를 중심으로 읽어 보시고, 이미 기존의 인공지능에 대한 지식이 충분하신 분들이나 새로 인공지능 사업을 하시는 분들 그리고 인공지능 분야에 투자를 생각하시는 분들은 2부와 3부를 중점적으로 읽어 보시기를 권합니다.

저는 이 책의 초안을 작성할 때 두 종류의 인공지능을 활용했습니다. 강연 영상의 스크립트를 텍스트로 변환하는 인공지능과 챗GPT, 제미나이, 클로드 등 생성형 인공지능입니다. 그 결과들을 그대로 활용하기에는 아직 한계가 있었으나, 시간 절약과 생산성 측면에서 도움을 받은 것은 분명합니다. 이처럼 인공지능은 이미 우리 현실에 들어오기 시작했습니다. 독자 여러분도 인공지능을 활용하여 무언가를 시작해 보시면 좋겠습니다.

자, 이제 실제로 기업들이 어떻게 경쟁하면서 세상이 바뀌게 될지, 그리고 잘못된 투자로 마음고생하지 않으려면 반드시 고려해야 할 필수 사항은 무엇인지 살펴보겠습니다.

1부 : 인공지능의 본질과 한계 이해

2부 : 인공지능은 어떻게 시장과 상호 작용 할 것인가?

3부 : 인공지능 분야 투자, 어떻게 접근할 것인가?

1부

인공지능의 본질과
한계 이해

무엇이든 본질에 대한 이해는 큰 기회를 가져다줄 것입니다.

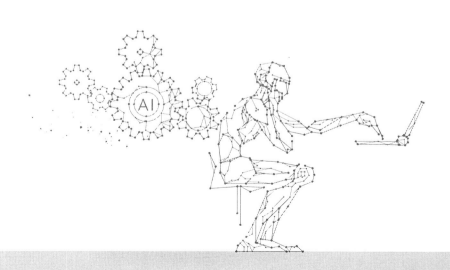

1장

과거는 현재의
시작이다

컴퓨터는 개념 설계부터 인공지능

• 피타고라스의 인사이트

"세상은 수로 이루어져 있습니다."

고대 그리스 철학자이자 수학자가 한 말입니다. 혹시 누군지 아시겠나요? 제가 강의할 때 아이스브레이킹 퀴즈로 냈는데, 바로 답이 나오지 않고 분위기가 싸해지는 경우가 많았습니다. 힌트를 드리겠습니다. '직각삼각형' 하면 떠오르는 이름이 있죠? 맞습니다. 우리가 수학시간에 배웠던 '피타고라스의 정리'의 주인공인 피타고라스입니다. 고대 그리스는 생각보다 수학이 발달해서 유명한 수학자들이 많은데, 그중 대표적인 사람이죠. 저는 요즘 컴퓨터와 인공지능의 발전을 보면서 피타고라스의 저 말대로 정말 그렇지 않은가 싶습니다. 피타고라스는 '피타고라스의 정리'를 비롯해서 기하학과 수학에서 여러 중요한 사실을 발견했습니다. 그렇게 세상을 보다 보니 세상이 수로 이루어져 있다고 주장한 겁니다.

퀴즈를 하나 더 내겠습니다.

"수를 다루는 기계는 무엇일까요?"

일단 정답은 '컴퓨터'입니다. 동사 '컴퓨트(compute)'는 '계산하다'는 의미입니다. 수를 다루기 위해 인간이 만들어 낸 기구는 생각보다 역사가 깁니다. 혹시 주판을 아시나요? 제가 어렸을 때는 주산과 암산이 유행이었습니다. 1980년대에는 TV에서 암산왕과 계산기가 누가 빨리 계산하는지 경쟁하던 TV 프로그램도 있었습니다. 마치 2016년에 알파고와 이세돌 9단이 바둑을 두던 것과 비슷한 느낌이죠. 지금의 컴퓨터는 가상 현실까지 만들어 냅니다. 오직 '수'만을 다루는 기계가, 그것도 2진수인 0과 1만을 가지고 컴퓨터 그래픽을 통해 가상 세계를 현실처럼 보이게 만들어 냅니다. 그 밑바탕에는 선형대수학이라는 행렬 연산이 자리 잡고 있기는 합니다. 하지만 고대 그리스 사람이었던 피타고라스의 통찰력이 참 놀랍다는 생각이 듭니다.

• 컴퓨터 고안자의 최종 목표: 인공지능

컴퓨터를 만드는 데 크게 기여한 사람 중 한 명은 앨런 튜링(Alan Mathison Turing)입니다. 컴퓨터 분야에서 가장 유명한 상은 '튜링상(Turing Award)'입니다. 퓰리처상을 받으면 언론 분야에서 노벨상을 받았다고 하는 것처럼, 튜링상을 받았다고 하면 컴퓨터 분야에서 노벨상을 받았다고 생각하면 됩니다. 앨런 튜링은 계산 이론(Computation Theory)이라는 분야를 개척했는데, 이는 현재 컴퓨터의 이론적 기초가 되었습니다. 그가 고안한 튜링머신(Turing Machine)은 현재 컴퓨터 구조의 근거가 됩니다. (폰 노이만 등 다른 분들도 많지만 넘어가겠습니다.) 영화 〈이미테이션 게임〉을 보시면 앨런 튜링이 제2차 세계대전에서 독일의 암호 기계인 '이니그마'를 풀어내는 기계를 만들어서 연합국의 승리에 크게 기여하는 내용이 나옵니다. 암호를 풀려면 상당히 복잡한 계산을 빠르게 해야 합니다. 영화에서 튜링이 그러한 기계를 설계하고 제작하는 모습이 나옵니다.

튜링이 고안한 또 한 가지 중요한 게 있는데, 바로 '튜링테스트 (Turing Test)'입니다. 이게 무엇을 테스트하는 것이냐? 바로 인공지능입니다. '어떻게 인공지능이라고 판단할 수 있을까요?'라는 콘셉트를 컴퓨터의 개념을 설계할 때 이미 제안한 것이죠. 그가 제안한 내용은 '내가 타자를 쳐서 어떤 상대와 대화를 나눌 때 그 대화 상대가 사람인지 컴퓨터인지 구별할 수 없다면, 그 상대는 인공지능이라 불러도 될 것 같다'라는 것입니다. 2015년에 개봉한 SF 영화 〈엑스 마키나〉를 보면, 인공지능 로봇을 만든 개발자가 컴퓨터를 전공한 천재 프로그래머를 초빙해서 튜링테스트를 통과한 것 같은지 물어보는 장면이 나옵니다. (영화는 튜링테스트를 통과한 인공지능 안드로이드가 사람을 감정적으로 사랑에 빠지게 해서 자신의 탈출을 돕게 만드는 내용입니다.) 그런데 거의 100년 전에 살았던 앨런 튜링이 컴퓨터를 고안하면서 이미 '인공지능'에 대해서 생각했다는 것이니 놀랍지 않습니까?

인공지능에 관한 또 한 가지 유명한 일화가 있습니다. 바로 구글의 창업자인 래리 페이지(Larry Page)에 관한 일화입니다. 구글이 1990년대에 창업했으니 벌써 30년 전이겠군요. 래리 페이지가 창업하고 추후 투자를 받으러 벤처 캐피털사에 투자받으러 갔는데, 투자 심사역이 "이미 야후가 검색 엔진을 꽉 잡고 있는데 무슨 검색 서비스를 만들려 하냐."라고 하면서 투자를 거절했다고 합니다. 그때 래리 페이지가 방을 나가면서 "인공지능을 만들려는 건데……."라고 말하자, 그 심사역이 페이지를 불러서 앉히고는 투자를 결정했다는 일화도 있습니다. 이 일화가 사실인지는 모르겠으나 실제로 구글의 서비스 브랜드들을 보면 인공지능에 관한 생각을 바닥에 깔고 있음을 알 수 있습니다. 대표적인 게 바로 구글의 OS 브랜드인 안드로이드죠.

지능(Intelligence)이라는 것을 어떻게 정의할 수 있을지, 여기에 인공지능(Artificial Intelligence)이라는 것을 다시 어떻게 정의할 것인지는 생각보다 쉽지 않습니다. 그래도 간단히 말하자면 인공지능을 인간의 지적 활동을 두뇌가 아니라 외부에 인위적으로 구현한 것이라고 할 때 이런 개념을 '수'를 다루는 컴퓨터를 만든 사람들이 이미 머릿속에 담고 있었다고 볼 수 있을 겁니다.

서양 철학의 인식론이 제공하는 인공지능에 대한 힌트

● **인식론의 역사가 주는 교훈**

"생각한다. 고로 나는 존재한다. *(Cogito, ergo sum.)*"

인간의 이성에 대해서 고민한 철학을 '인식론'이라고 합니다. 중세를 지나 르네상스 시대가 오면서 근대 철학자들은 인간의 이성에 대해서 굉장히 고민을 많이 했습니다.

위 명제는 '근대 철학의 아버지'라 불리는 프랑스의 르네 데카르트가 한 말입니다. 르네상스 시대에 '근대 자아의 발견'이라고도 하는 이 명제는 데카르트가 인간의 이성에 대해서 고민하다가 자신의 철학에 제1 명제로 삼았습니다. 인지 과학을 코그니티브 사이언스(Cognitive Science)라고도 합니다. '코그니티브'라는 단어는 '코기토(Cogito)'라는 어원에서 나온 것이죠. 코기토의 원래 의미는 '속다'라고 합니다. 데카르트가 아무리 생각해 봐도 세상의 정보를 받는 인간의 이성이 속고 있는 최소한의 단위는 '있다'라고 결론지은 것이죠. 데카르트는 제1 명제를 바탕으로 인간의 이성에 대해서 논리를 전개합니다. 이것이 대류의 합리론이라 불리는 철학의 한 줄기가 됩니다. 합리론은 '연역법'이라고 볼 수 있습니다. 공리나 제1 명제 등 거부할 수 없는 명제로부터 논리적으로 쭉쭉 풀어 나가는 방식이죠. 수학이 대표적인 예시일 겁니다.

이에 비해 프랜시스 베이컨과 존 로크로 대표되는 영국의 '경험론'이라는 것이 있었습니다. 말 그대로 인간의 이성은 경험을 통해 세상을 인식하게 된다는 이론입니다. 어찌 보면 당연한 얘기죠. 경험을 통해서 배운다는 것은 직관적으로 알 수 있죠. 개별 경험으로부터 세상을 인식하고 배우게 되는 것이라는 관점에서 경험론은 '귀납법'이라고 볼 수 있습니다.

이 두 가지 관점으로 프랑스와 영국은 16~17세기 100년 동안 치열하게 싸웠습니다. 일종의 자존심 싸움이었겠죠. 이렇게 둘이서 싸우는데, 18세기에 굉장히 유명한 철학자가 나와서 이 논쟁을 정리해 버립니다. 누군지 아시겠나요? 바로 독일의 칸트입니다. 18세기에 들어와서 칸트가 "둘 다 틀렸어. 둘 다 합쳐야 맞아."라고 정리합니다.

"내용 없는 사상은 공허하고 개념 없는 직관은 맹목이다."

칸트가 뭐라고 이야기했냐면, 사람은 경험을 통해서 배우는 건 맞는데 경험으로 알기 전에 태어날 때부터 갖고 있는 12가지의 범주(Category)라는 틀을 통해 외부 데이터를 받아들여서 학습해 나가는 게 인간의 이성이라고 말합니다. 인식론 측면에서는 칸트가 종지부를 찍었다고 볼 수 있습니다.

이렇게 서양 철학은 인간의 이성에 대해 약 300년 동안 치밀하게 정리합니다. 인간의 이성은 합리적인 부분과 경험적인 부분이 동시에 존재하는데, 둘 다 어우러져야 작동한다는 겁니다. 이는 컴퓨터와 인공지능의 미래를 예측하는 데 중요한 암시를 주고 있습니다. 지금부터 4장까지 그 상세한 이야기를 펼쳐 보겠습니다.

> 최근 인공지능 기술이 발전함에 따라 칸트가 주장한 12가지 범주 중 한 가지인 '유추'라는 범주는 학습해서 배울 수 있다는 게 실험적으로 확인되었다. 'A가 B라면 C는 D다.'라는 것이 일종의 유추 개념이다. 최근 인공지능은 남자(Man)와 여자(Woman)의 관계를 입력하고 왕(King)을 입력하면 여왕(Queen)을 답변으로 내놓는다. 인공지능 기술의 발전이 18세기 칸트의 철학마저 흔드는 상황이 되었다.

연역적 인공지능의 발전 과정

• 계산 능력 아웃소싱: 최초 컴퓨터

철학의 인식론에서 프레임(Frame)을 가져다 인공지능을 분류해 보면 크게 두 가지로 나뉩니다. 하나는 1세대 인공지능으로, 이것을 '합리론적 인공지능', '연역적 인공지능'이라고 부르겠습니다. 그러면 연역적 인공지능은 무엇이냐? 기존의 컴퓨터입니다. 컴퓨터는 인간의 이성 작용 중에 수학적 계산과 관련된 부분을 외부화한 기계입니다.

세계 최초의 컴퓨터는 1946년에 탄생한 에니악(ENIAC, Electronic Numerical Integrator and Computer)으로 알려져 있습니다. 포탄 등의 궤적 계산과 같은 군사적인 목적으로 많이 활용되었죠. 일반 컴퓨터는 전용 기계(SPM, Special Purpose Machine)와 범용 기계(GPM, General Purpose Machine)로 구분됩니다. 특정 목적을 위해서 사용되는 전용 기계는 계산기와 전화 교환기 등이 있습니다. 이 전용 기계가 인간 세상에 어떠한 변화를 불러왔느냐 하면 주판이 무용지물이 되었고, 주산 학원과 암산 학원이 문을 닫았으며, 전화 교환원이라는 직업이 사라졌습니다. 지금은 인지하기 어렵겠지만 이런 기술이 세상을 변화시

컸습니다. 전용 기계는 전자적인 원리에 따라 컴퓨터처럼 작동하는데, 특정 동작만 잘하는 기계입니다. 과연 이런 기계를 컴퓨터라고 볼 수 있을 것이냐는 반론이 있을 수 있습니다. 사람이 머리로 하는 일을 외부화해 처리했다는 측면에서 그리고 우리 세상을 변화시킨 임팩트 측면에서 저는 컴퓨터로 분류했습니다.

- **프로그래머블(Programmable) 기계: 연역적 인공지능**

전용 기계에 비해서 범용 기계는 비로소 하나의 컴퓨터가 여러 가지 작동을 할 수 있는 기계를 의미합니다. 우리가 일상적으로 사용하는 노트북이나 데스크톱과 같은 컴퓨터를 말합니다. 어찌 보면 범용 기계부터 비로소 합리론적 인공지능, 연역적 인공지능이라고 부를 수 있겠습니다. 범용 기계는 하드웨어를 두고 여기에 소프트웨어를 얹어서 여러 기능을 수행하게 만드는 방식입니다.

[그림 1] 연역적 인공지능의 시장 혁신을 만들어 낸 세 가지 핵심 요소

컴퓨터 역사에서 시장에 중요한 영향을 미친 요소를 세 가지 뽑자면 운영 체제(Operating System), 프로그래밍 언어(Programming Language), 그래픽 기반 사용자 인터페이스(Graphical User Interface)입니다. 이 요소들은 기술의 진보뿐만 아니라 시장 측면에서도 혁신을 일으켜 어마어마한 성장주가 탄생하는 계기가 됩니다. 하나씩 살펴보자면, 첫 번째가 운영 체제입니다. 줄여서 OS라고 말하죠. 운영 체제가 나오면서 비로소 하드웨어와 소프트웨어가 분리됩니다. 기존에는 어떤 전자 기계가 특정 역할만 할 수 있었는데요. 이제는 소프트웨어를 통해서 여러 기능을 수행할 수 있게 된 것입니다. 요즘은 게임, 메타버스, 워드프로세서 등 다양한 기능을 수행하죠. 운영 체제가 나오면서 가능해진 겁니다. 두 번째로 범용 기계가 등장하게 된 중요한 요소는 프로그래밍 언어입니다. 사람과 컴퓨터가 상호 작용 할 수 있는 방법론이 생긴 거죠.

제 지도 교수님께 1980년대에 프로그램을 어떻게 했는지 들었는데 펀치 카드라고 하는 카드에 '0101……' 이런 식으로 구멍을 뚫어서 컴퓨터에 입력했다고 합니다. 이렇게 프로그래밍하던 것에서 프로그래밍 언어가 점점 사람의 언어와 비슷해지면서 쉽게 할 수 있게 되었습니다. 여기에 아이콘과 같은 그래픽을 이용하여 사용자가 컴퓨터와 정보를 쉽게 교환할 수 있도록 한 GUI, 즉 그래픽 기반 사용자 인터페이스까지 나오면서 비로소 컴퓨터가 대중화되었고 새로운 유니콘 기업(시가 총액이 1조 원을 넘어가는 대기업)들이 나오게 됩니다.

그 당시 범용 기계를 구현하기 위해 나온 칩을 만든 대표적인 회사가 바로 인텔입니다. 인텔은 386, 486, 펜티엄 등 중앙처리장치(CPU, Central Processing Unit)를 만들었죠. 이 시대를 대표했던 또 다른 회사는 빌 게이츠가 만든 마이크로소프트입니다. 마이크로소프트에서 개발한 운영 체제 MS-DOS가 시장을 석권하죠. 이외에도 흔히 PC라고 하는 개인용 컴퓨터를 내놓은 애플, D-램으로 유명한 삼성전자, 아래아한글 같은 워드프로세서로 유명했던 한글과컴퓨터 등 수많은 기업이 탄생하게 됩니다. 집 안에 컴퓨터가 들어오고 워드프로세서로 리포트를 쓰게 되는 등 우리 삶에 변화가 일어납니다.

• 연역적 인공지능의 확장: 네트워킹

또 하나 중요한 게 네트워킹(Networking, 컴퓨터들을 서로 연결하여 신호를 주고받는 것)입니다. 혹시 〈응답하라 1994〉라는 드라마를 보셨는지요? 이 드라마는 모뎀으로 '삐-' 하면서 연결하고, PC통신으로 접속해서 전자게시판(BBS)에 들어가고 채팅하던 시절을 배경으로 합니다. PC통신은 TCP/IP라는 기술을 통해서 현재의 인터넷으로 발전하게 됩니다. 이렇게 네트워킹을 통해서 내가 입력하는 데이터가 다른 컴퓨터와 다른 사람들과 연결되는 큰 변화로 또 다른 혁신으로 발전합니다. 이게 1990년대 중반쯤 얘기죠. 그때 제가 다닌 학교에서 새로운 통신 기술이라며 ATM 교환기도 설치하고 그랬었는데, 지금은 이런 통신 방식들이 다 없어지고 TCP/IP만 남았죠.

네트워킹이 이루어지면서 유니콘이 된 회사가 있습니다. 바로 시스코입니다. 그전에는 전화 교환기라는 전용 기계가 있었는데, 시스코가 IP 패킷을 전달할 수 있는 라우터(Router)를 개발해 전 세계 통신 방식을 혁신하면서 어마어마하게 돈을 벌고 유니콘이 되었습니다. 지금은 아니지만 1990년대 후반부터 2000년대 초반 IT 버블의 상징 같은 회사가 시스코였습니다. 최근에 엔비디아 주가가 어마어마하게 오르면서 시스코와 비교하는 사람들이 많습니다. 시스코는 인터넷을 가능하게 한 라우터를 개발해서 거의 독점 공급하다시피 한 회사였고, 엔비디아는 인공지능을 가능하게 하는 인프라 중 하나인 GPU를 독점적으로 생산하고 있기 때문입니다.

이제는 너무나 자연스럽게 클라우드에 내 정보를 저장하고, 인스타그램에 사진을 올리고, 유튜브에 개인 채널을 만들고, 게임 앱으로 친구들과 원격 게임을 하고, 코로나 팬데믹 같은 시기에는 줌으로 화상 회의를 하는 모든 변화가 바로 네트워킹을 기반으로 벌어지는 일들입니다. 우리의 일상이 어마어마하게 변했습니다. 새로운 유니콘은 기술의 발전이 우리의 일상을 변화시킬 때 비로소 찾아옵니다. 물론 이 과정에서 나타났다가 사라진 기업들도 많습니다. 드라마 〈재벌집 막내아들〉에서 '뉴데이터 테크놀로지'라는 IT 버블의 대표 회사의 모델이었던 새롬기술을 비롯해서 쉽게 홈페이지를 제작할 수 있게 한 하이홈, 커뮤니티의 대표 주자였던 프리챌, 동창회 신화를 만들었던 아이러브스쿨 등 한때 잘나가다가 역사 속으로 사라진 기업들도 많습니다.

인공지능 얘기를 한다면서 왜 인식론이라는 근대 철학부터 옛날 컴퓨터와 1990년대 IT 버블 이야기를 하는지 의문이 드는 분들이 있을 수 있습니다. 인공지능이라는 게 인간의 이성 작용 중의 일부를 조금씩 외부화해 대체해 나가는 것입니다. 따라서 컴퓨터 발전의 역사가 인공지능 발전의 역사라고 보았고, 컴퓨터의 역사에서 현재의 인공지능 열풍에 대한 암시를 제공할 수 있다고 생각하여 긴 시계열로 조망한 것입니다. 자, 이제부터 본격적으로 현재의 인공지능에 대해 알아보겠습니다.

2장

인공지능의
현재

컴퓨터 활용 패러다임의 변화

- **컴퓨터에 도입된 경험론: 귀납적 인공지능**

　이제부터는 요즘 가장 뜨거운 인공지능의 현재에 관해 이야기해 보려고 합니다. 앞에서 얘기한 1세대 인공지능인 합리론적 인공지능(연역적 인공지능)과 구별하여 2세대 인공지능은 경험론적 인공지능 또는 귀납적 인공지능으로 명명하겠습니다. 그리고 생각보다 경험론적 인공지능은 역사가 있습니다.

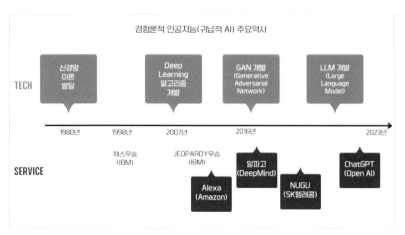

[그림 2] 2세대 인공지능의 핵심 기술과 시장에 영향을 미친 서비스들

인공지능을 연구하는 사람들은 "두 번의 겨울이 있었습니다."라고 말합니다. (여기서 인공지능은 2세대 인공지능, 즉 경험론적 인공지능을 말합니다.) 원래 신경망 이론은 1950년대에 최초로 발표되었습니다. 인간의 두뇌가 뉴런으로 구성되어 있는데요. 이 뉴런 세포가 어떻게 작동하는지 발견하고 나서 뉴런을 모델링하는 연구가 진행되었습니다. 그러나 실제 상용화 측면에서 효과를 보지 못해서 첫 번째 겨울을 맞이합니다. 시간이 흘러 1980년대에 신경망 이론이 발전합니다. 1980년대 초에 박사 과정으로 인공지능 분야를 전공하신 분들이 좀 있었어요. 그런데 그때도 잘 안 되고, 두 번째 겨울을 맞이하게 됩니다. 이론적 배경은 만들어졌는데 실제 효과를 보지 못해서 안타깝게도 관심에서 벗어나게 됩니다. 지금 돌아보면 그 이론을 구현할 인프라가 부족했던 거죠.

[그림 2]는 윗부분에 인공지능의 세 번째 도전에서 기술적으로 또 시장에서 혁신을 일으킨 것들만 적었고, 아랫부분에는 사람들에게 임팩트를 준 서비스들을 적었습니다.

2007년쯤에 '인공지능의 3대 구루'로 불리는 제프리 힌턴 교수가 심층 신경망(DNN, Deep Neural Network)을 활용한 '딥러닝' 개념을 발표합니다. 딥러닝은 쉽게 얘기하면 뉴런에 해당하는 노드를 깊게 여러 층으로 쌓은 것입니다. 신경망 세포를 열심히 여러 층을 쌓았더니 그제야 뭔가 좀 작동이 된다는 것을 알게 된 겁니다. 최근에 챗GPT가 3.0, 3.5, 4.0 이렇게 버전이 올라가면서 저 노드를 얼마를 쌓았다느니, 노드 사이를 연결하는 파라미터(Parameter)가 몇 개를 넘겼다느니

하면서 많이 쌓는 기술 경쟁을 하고 있습니다. 인간 두뇌의 뉴런 세포가 약 1,000억 개이고, 이 뉴런을 연결하는 시냅스가 100조 개라고 하는데, 이 수준을 넘어가게 만들겠다고 하는 겁니다. 참고로 최근의 인공지능 기업들의 기술 경쟁은 이 파라미터 개수를 기준으로 삼고 있습니다. 그리고 '일반 인공지능(AGI, Artificial General Intelligence)', '특이점(Singularity)'이라는 단어들을 자주 거론합니다. 이것은 인간의 두뇌에 있는 뉴런과 시냅스 개수 이상의 인공 신경망을 구성할 때 새로운 변화가 일어날 것으로 추측해서 쓰는 말입니다. 즉, 신경망 구성 방식은 2020년대 초반 인공지능 기술 경쟁 요소 중 하나라고 할 수 있습니다.

다음으로 대중에 널리 알려진 인공지능 서비스를 살펴보면, 먼저, 1998년에 세계 체스 챔피언이었던 가리 가스파로프와 IBM의 슈퍼컴퓨터 딥블루가 붙어서 딥블루가 이기는 사건이 발생합니다. (딥블루는 귀납적 인공지능이 아닙니다.) 그때 뉴스에도 나오고 좀 시끄러웠죠. 그 후 2011년에 미국의 유명한 퀴즈 프로그램 〈제퍼디(Jeopardy)〉에서 인간 챔피언 두 명과 IBM 컴퓨터 왓슨이 붙어서 왓슨이 우승합니다. 그리고 2016년에 이세돌 9단과 알파고의 바둑 대국이 펼쳐집니다. 저도 바둑을 생중계로 볼 거라고 상상도 못 했는데, 이세돌 9단이 알파고에 4대 1로 졌습니다. 제가 아직도 기억나는 게 이세돌 9단이 1, 2, 3국을 패하고 4국 때 한 번 이겼는데, 그때 그 방송을 진행하던 아나운서가 '여러분, 이세돌 9단이 드디어 이겼습니다.'라고 하며 울먹이던 게 기억납니다. 이 사건은 임팩트가 상당했죠. 체스에서 그리고 퀴즈쇼까지 인간 챔피언이 컴퓨터에 졌습니다. 이때까지만 해도 바둑은 경우의 수가 너무 많아서 컴퓨터가 이길 수 없을 것으로 생각했다가 귀납적 인공지능이 바둑에서도 인간을 이긴 상황이 발생해 버린 것이죠. 이로써 이세돌 9단은 인공지능을 이긴 유일한 인간으로 남았습니다. 이 알파고 임팩트로 인해 국내 대기업들이 출자해서 지능정보연구소도 생기고, 인공지능 관련해서 준비하는 기업들은 인공지능 서비스를 런칭할 수 있는 기회가 제공됩니다. SK텔레콤도 NUGU 서비스를 2016년 9월에 출시하죠.

이후 중요한 혁신을 이뤄 낸 기술은 2016년에 발표된 생성형 적대 신경망(GAN, Generative Adversarial Network)입니다. 이 기술은 최근 생성형 인공지능의 근간이 되는 기술입니다. 또 중요한 기술로 트랜스포머(Transformer)라는 자연어와 같은 시계열 데이터 처리를 위한 딥러닝 모델이 있습니다. 트랜스포머는 2017년 구글이 발표한 논문 「Attention is all you need」에 나오는 기술입니다. 이 기술의 핵심은 어텐션 메커니즘(Attention Mechanism)으로 입력 데이터의 특정 부분에 더 집중하도록 하는 기법입니다. 모든 데이터를 다 살펴보지 않고 중요한 데이터만 챙겨 본다는 것이고, 긴 글은 주요 내용만 요약해서 파악한다는 겁니다. 이 기술이 나오면서 대규모 언어 모델(LLM)이 개발되어 현재의 챗GPT와 같이 사람처럼 말하는 서비스가 나온 겁니다. 제대로 된 챗봇이 나온 것이죠. 2016년 알파고 이후에 3~4년 정도 지나면서 시장에 임팩트를 주는 서비스가 나오지 않자 인공지능에 세 번째 겨울이 오는 게 아니냐는 얘기들을 했습니다. 사람들이 위기

감을 느꼈죠. 그러다가 오픈AI의 챗GPT가 나오면서 사람들은 "아, 이제 겨울은 다시 안 오겠구나."라고 생각하고 있습니다.

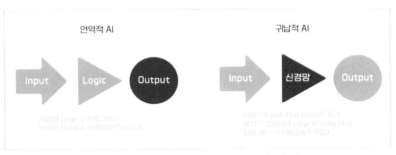

[그림 3] 귀납적 인공지능과 연역적 인공지능의 비교

자, 그러면 이제 귀납적 인공지능과 연역적 인공지능을 비교해 보겠습니다. [그림 3] 왼쪽의 연역적 인공지능은 데이터를 입력하고(input) 프로그래밍해서(logic) 결괏값을 출력(output)하는 방식입니다. 이 방식에서 사람이 하는 건 프로그래밍, 즉 로직을 설계하는 거죠. 예를 들어, 2차 방정식을 풀고 싶다고 하면 '근의 공식'을 프로그래밍하면 되는 겁니다. 이때 목적은 뭘까요? 아웃풋을 빨리 만들어 내는 겁니다.

그러면 이 시절에 기업들이 경쟁력을 확보하기 위해서 해야 하는 일은 뭐였을까요? 학술적으로는 성능 좋은 알고리즘을 개발해 복잡도를 낮춘 로직을 만들어 내는 일 등이고, 기술적으로는 그 알고리즘을 빨리 실행하기 위해 칩 성능을 개선하는 일 등입니다. 예를 들어, 인텔이 중앙처리장치(CPU)를 386, 486, 펜티엄, 펜티엄 2 이런 식으로 개선하는 것입니다. 결국은 이 아웃풋을 빨리 만들어 내기 위한 작업을 하는 게 예전 연역적 인공지능 시대에 주요 기업들이 했던 일이었습니다. 그리고 이 경쟁에서 승리한 기업들이 유니콘이 되었습니다.

그렇다면 귀납적 인공지능은 뭘까요? 앞에서 경험론에 대해 언급했죠. 연역적 인공지능은 인간의 사고를 프로그래밍으로 구현해서 입력값(input)을 넣고 빠르게 출력값(output)을 뽑아내는 방식이었습니다. 반면, 귀납적 인공지능은 입력값과 출력값이라는 데이터들 사이의 로직이나 패턴을 컴퓨터가 찾게 하는 방식입니다. 귀납적 인공지능 방식에서 사람이 하는 일은 신경망을 설계하고, 입력값과 출력값이라는 데이터를 처리하는 겁니다. (세부적인 방식은 기술 방식에 따라 달라집니다.) 따라서 이때는 아웃풋을 빨리 만들어 내는 게 목적이 아니고 컴퓨터가 데이터들 사이의 로직이나 패턴을 찾아내는 것이 목적이 됩니다. 이를 '학습'이라고 부릅니다. 다시 말해, 이제 컴퓨터가 학습할 수 있고, 경험을 통해서 배울 수 있게 된 것입니다.

- **새 술은 새 부대에: 패러다임이 바뀌면 우리의 사고 프레임과 일하는 방식도 변해야 한다**

인공지능에 관심을 가진 독자분들은 아마 이 정도 내용까지는 들어 보셨을 겁니다. 그런데 여기서 주목해야 할 한 가지 사실이 있습니다. 패러다임이 완전히 바뀌었다는 사실입니다. 저는 천동설에서 지동설로 패러다임이 바뀐 정도의 변화라고 생각합니다. 패러다임이 바꿔면 그에 맞춰서 일하는 방식도 바뀌어야 합니다. 귀납적 인공지능 시대가 왔으면 그에 맞춰서 우리의 사고방식과 일하는 방식도 변해야 하는데, 실제로는 그렇지 못한 것이 현실입니다. 토머스 쿤이 쓴 『과학 혁명의 구조』라는 책에는 세대가 바뀌어야 한다고까지 했으니 물론 쉬운 일은 아닙니다.

아직 대부분 기업과 정부는 연역적 인공지능 시대의 방식으로 일하고 있습니다. 신기술이 나왔으니 연구소에 사람을 조금 뽑아 놓고 결과를 기대하는 겁니다. 통신 분야에서 과거와 같은 방식으로 일해서 성공한 대표적인 사례가 바로 CDMA입니다. 한국전자통신연구원 에트리(ETRI)가 앞장서서 퀄컴의 CDMA 원천 기술을 들여와서 상용화 기술을 만든 후, 이를 통신사와 삼성전자 같은 제조사에 넘겨서 실제 상용화하는 방식을 거쳤습니다. 이렇게 세계 최초로 CDMA를 상용화해서 그걸 가지고 삼성전자가 애니콜을 만들어 지금 갤럭시 스마트폰까지 오게 된 큰 성공 사례죠.

연역적 인공지능 시대의 방식은 소수의 천재를 연구소 등에 모아서 알고리즘과 성능을 개선하게 해서 상용화 부서에 넘겨 상용화가 되면 돈을 버는 방식이었다는 겁니다. 그런데 귀납적 인공지능 시대에는 입력값과 출력값이라는 데이터가 중요하잖아요. 그러면 이런 데이터는 어디 있을까요? 연구소에 있나요? 아닙니다. 시장에 있고, 회사에 있죠. 회사에서도 고객관리 부서 등에 있어요. 그러니까 귀납적 인공지능을 잘 만들려면 데이터가 있는 곳에서 일해야 합니다. 과거에 했던 것처럼 정부 기관에 연구 비용을 얼마 주고 진행할 게 아니고 알고리즘 연구자도 필요합니다만, 데이터가 있는 곳으로 가서 일해야 성과가 나올 거라는 얘기입니다. 만약 독자 중에 인공지능을 자신의 기업에 도입하고 싶은 분이나 인공지능을 활용하여 업무를 개선할 책임을 맡으신 분이 있다면 기존과 같은 방식으로 연구소 하나 만들고 사람 몇 명 뽑아서 일하는 방식으로는 실패할 가능성이 큽니다. 특히 조직 구조는 기존 인력이 반발할 수 있는 문제이므로 반드시 최고 의사결정자가 이런 부분을 인식하고 설계해야 합니다.

정리하면, 귀납적 인공지능은 연역적 인공지능과는 패러다임이 완전히 바뀐 것이니 업무에 접근하는 프레임과 일하는 방식 자체도 변경되어야 한다는 것을 인식해야 실패 가능성을 줄일 수 있습니다.

• 컴퓨터에 달아 준 감각 기관

그러면 귀납적 인공지능의 효용은 무엇일까요? 이는 로직이나 패턴을 찾는다는 게 무슨 의미인지에 대한 해석에서 찾을 수 있습니다. 로직이나 패턴을 찾는다는 게 무슨 의미일까요? 비슷한 것들을 처리하게 한다는 겁니다. 예를 들면 예전에는 컴퓨터가 사람, 자전거, 고양이를 구별해 내게 하려면 그와 관련한 데이터를 넣어 컴퓨터가 각 특징을 찾을 수 있도록 시도했는데, 잘 안 되었습니다. 사람을 구별할 때 헤어스타일이 바뀌거나 마스크를 쓰면 다른 사람으로 구분한 것이죠. 우스갯소리로 '속지 말자 화장발, 조심하자 조명발'이라고 하죠.

같은 사람이어도 작은 변화가 생기면 다른 사람으로 인식한다는 겁니다. 즉, 기준이 되는 사진과 정확히 일치하지 않으면 다른 사람으로 인식했다는 겁니다. 그런데 이제는 옷을 바꿔 입어도, 헤어스타일이 바뀌어도 같은 사람으로 알아봅니다. 즉, 비슷한 것들은 같은 사람이라고 분류할 수 있게 된 겁니다. 실제로 스마트폰이나 회사 입구에 설치된 페이스 아이디, 얼굴 인식 같은 기술은 마스크를 써도 알아보고 잠금을 풀어 줍니다.

즉, 패턴을 찾을 수 있다는 것은 정확하게 100% 맞아떨어지는 것을 찾는 게 아니고 비슷한 것들을 같은 것으로 처리할 수 있다는 겁니다. 이게 도대체 뭘 의미할까요? 그건 바로 컴퓨터가 처리할 수 있는 데이터의 범위가 확대되었다는 겁니다. 전에는 딱 맞는 것들을 정확하게 찾아내는 것, 문제를 빨리 푸는 건 가능했는데, 지금은 데이터로 학습시키다 보니 "어, 이 정도면 홍길동이라는 사람이 맞는 것 같은데. 오케이, 그럼 문 열어 줘." 이렇게 처리가 가능해진 겁니다.

어떻게 이게 가능해졌을까요? 그건 바로 확률에 기반해 처리하기 때문입니다. 인공지능이 영상을 인식하는 과정을 예로 들어 보죠. 탁구공, 골프공, 야구공, 배구공 이렇게 네 가지 하얀 구체가 있다고 해 보죠. 카메라를 멀리서 비추면 인공지능이 잘 구별해 내지 못합니다. 좀 가까이 가 보니 구체가 다른 것에 비해 좀 크다면 배구공일 확률이 높겠죠. 조금 더 가까이 갔더니 빨간색 실밥이 보이면 야구공일 테고요. 더 가까이 가면 골프공과 탁구공이 거의 비슷하게 보일 거예요. 아주 가까이 가서 딤플이 보이면 골프공, 딤플이 없으면 탁구공으로 분류하는 겁니다. 이렇게 카메라가 가까이 가면 갈수록 각각 확률이 달라지게 나와요. 해당 공의 특징이 딱 나오면 그때 비로소 '80% 확률로 골프공', '90% 확률로 골프공' 이런 식으로 분류하는 겁니다. 이것을 확률론적 처리라고 해요. 음성 인식도 마찬가지입니다. 어떤 사람의 목소리가 익숙해지면 약간 코 막힌 소리가 나거나 전화기를 통해서 들리는 목소리도 같은 사람으로 인지할 수 있게 됩니다. 반대로 다른 사람이 발음해도 같은 글자로 인식할 수 있게 된 것도 마찬가지 이유입니다.

인간의 두뇌가 처리하는 일 중에 감각 기관이 주변 환경에서 입력되는 정보를 처리하는 것을 구현한 것이 귀납적 인공지능의 첫 번째 효용입니다. 이는 컴퓨터가 비슷한 정보들을 확률적으로 분류해서 처리할 수 있게 되고, 감각 기관을 단 것 같은 효과를 보게 된 것입니다. (최근에는 학습을 통해서 좀 더 두뇌의 깊은 작용까지 구현하는 시도를 하고 있는데, 그 대표적인 서비스가 인간의 언어 능력을 구현한 챗GPT입니다.)

- **귀납적 인공지능의 핵심 요소**

이제 귀납적 인공지능을 구현하기 위한 핵심 요소에 관해 설명하겠습니다. 귀납적 인공지능을 제대로 만들려면 크게 학습 알고리즘, 컴퓨팅 파워, 학습용 데이터가 필요합니다. 하나씩 살펴보죠.

일차적으로 중요한 것은 학습 알고리즘과 신경망(Neural Network)

[그림 4] 귀납적 인공지능을 만들기 위한 세 가지 핵심 요소

구성 방식 등입니다. 우선 뇌가 있어야 학습을 할 수 있을 테니까요. 신경망을 구성하는 종류도 여러 가지가 있습니다. 주로 영상 처리에 쓰이는 CNN(Convolutional Neural Network), 그리고 시계열 데이터 처리에 특화된 RNN(Recurrent Neural Network) 계열(LSTM 등)에 관한 연구들이 많았습니다. 2018년에 구글에서 발표한 트랜스포머(Transformer)라는 모델이 나오면서 기존 신경망의 문제점을 크게 개선하게 됩니다. 트랜스포머와 관련된 논문 제목은 「Attention is all you need(인공지능에서 당신이 해야 할 모든 것은 주의 집중)」입니다. 이 논문의 핵심 개념은 무엇인가를 기억할 때 과거에 입력된 모든 데이터를 다 기억하지 말고 중요한 것들만 뽑아서 기억하라는 겁니다. 우리가 일상생활에서 대화를 나누거나 회의할 때 핵심만 짚어서 기억하기도 하고, 회의를 1시간 동안 해도 회의록은 A4 용지 한 장으로 요약할 수도 있습니다. 이처럼 어텐션 메커니즘은 우리 뇌가 하는 중요한 작용

인 압축과 생략을 구현하는 기술입니다. 그러니 수없이 많은 문서와 얘기 중 핵심만 요약해서 간결하게 이해할 수 있게 되는 것이죠. 이 기술이 나오면서 한계에 부딪혔던 기존 언어 모델의 처리 범위가 확대되면서 대규모 언어 모델(LLM, Large Language Model)이란 게 개발되었고, 최근에 이것을 서비스로 출시한 것이 바로 챗GPT입니다. 그리고 트랜스포머가 영상 처리에도 확대되면서 눈에 보이는 모든 것을 다 처리하는 게 아니라 주요한 것만 처리할 수도 있게 됩니다. 영상과 말을 처리할 수 있게 되니 이 둘을 동시에 처리하는 멀티모달(Multimodal)이 가능해진 겁니다. 즉, 말로 얘기하면 화면으로 출력하거나, 사진을 보여 주면 말로 출력하는 게 가능해진 겁니다

두 번째로, 컴퓨팅 파워입니다. 앞에서 인공지능에 두 번의 겨울이 있었다고 했습니다. 그 겨울은 컴퓨팅 파워가 안 돼서 온 겁니다. 우리 뇌세포는 1,000억 개 정도 된다고 하고 그 연결인 시냅스는 100조 정도가 된다고 합니다. 그걸 컴퓨터로 모사하려면 그만큼 컴퓨터 신경망을 만들어 놓아야 하는데, 1980년대에는 불가능했어요. 근데 지금은 클라우드 컴퓨팅이란 것이 나오면서 대규모 연산이 가능해져서 복잡한 신경망을 구현할 수 있는 환경이 갖춰졌죠.

마지막으로 학습용 데이터입니다. 학습하려면 기본적으로 데이터가 있어야 하죠. 연역적 인공지능 시대에 관해 얘기할 때 마지막으로 다룬 혁신이 네트워킹이었죠. 이 네트워킹이 귀납적 인공지능이 가능하게 된 중요한 인프라를 제공하게 됩니다. 학습에 필요한 거대한 데이터들이 모일 수 있게 된 거죠. 우리가 아무 생각 없이 홈페이지를 만

들고, 다양한 문서들을 웹페이지에 올리고, 열심히 사진을 찍어서 인스타그램에 올리고 페이스북에 공유하잖아요. 그 데이터들이 네트워크를 통해서 엄청나게 쌓이고 있는 거예요. 그래서 100년 전에 꿈꿨던 모습이 이제야 가능한 상황이 된 겁니다. 거기에다 제프리 힌턴이라는 뛰어난 학자가 나와서 DNN을 어떻게 설계할 수 있는지, 다이내믹 프로그래밍(Dynamic Programming)으로 어떻게 신경망 회로 구성값을 수학적으로 빠르게 찾아내는 문제를 풀 수 있는지 등 기초적인 해결책을 제시하고, 아마존 웹서비스와 같은 데이터 센터용 클라우드 기술이 발전하고, 네트워크를 통해서 학습용 데이터들이 축적되면서 비로소 귀납적 인공지능을 만들 수 있는 환경이 갖추어진 겁니다.

학습용 데이터 이슈

• **필요한 데이터는 교과서**

이 세 가지 핵심 요소 중에서 귀납적 인공지능의 성능에 가장 큰 영향을 끼치는 게 무엇일까요? 바로 데이터입니다. 대략 70~80% 성능을 좌우한다고 보고 있습니다. 학습용 데이터에 관해 좀 더 자세히 들어가 보겠습니다.

2018년쯤에 「이코노미스트」에 나왔던 기사인데, 제목이 '가장 가치 있는 자원은 무엇인가(World most valuable resource)'였어요. '데이터는 새로운 원유다(Data is the new oil)' 오른쪽 그림을 보시면, 원유 시추선 모양의 그림에 구글, 페이스북, 아마존, 마이크로소프트와 같은 빅

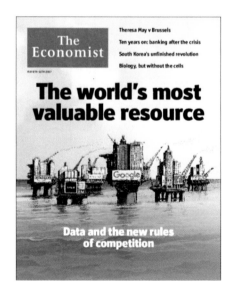

테크 업체들의 이름을 붙여 놓았습니다. 즉, 데이터의 중요성을 표현하기 위해 이렇게 해 놓은 것입니다. 데이터가 인공지능 시대에는 석유와 같다는 의미인 거죠. 요즘은 인공지능에 대해서 어디서 좀 들어 보신 분들은 인공지능에 데이터가 중요하다는 정도까진 다들 아십니다. 자, 그러면 질문 하나 해 보겠습니다.

"인공지능에는 어떤 데이터가 중요할까요?"

답은 바로 '목적에 부합하는 정제된 데이터'입니다. 쉽게 얘기하면 교과서가 필요하다는 겁니다. 우리가 아이들을 학교에 보내고 가르칠 때를 떠올려 보면 쉽습니다. 교과서의 특징은 인류 역사에서 아주 정제된 것, 학생들이 우리 사회 구성원으로서 꼭 알아야 할 중요한 것들을 가르칩니다. 교과서는 목적이 명확하죠. 사회 구성원으로서 올바로 사회에 안착할 수 있도록 만드는 목적이 명확하고 정제되어 있잖아요. 이 과정이 인공지능 학습용 데이터를 만드는 데도 필요합니다. 바로 '태깅(Tagging)'이죠. 이 정제된 데이터로 잘 학습시켜야 제대로 된 결과를 만들어 냅니다. 아무 데이터만 있다고 그냥 학습할 수 있는 게 아닙니다. 초반에 학습용 데이터로 가공하는 데 많은 리소스가 들어갑니다.

그리고 또 한 가지 중요한 점은 학습용 데이터에는 학습시키려고 하는 '가치관'이 들어가게 됩니다. 〈채피〉라는 영화가 이런 측면을 잘 다루었습니다. 이 영화는 어떤 사람의 뇌 시냅스 정보를 백업해서 로봇에게 심으면 로봇이 그 사람이랑 똑같이 된다는 걸 보여 줍니다. '채피'라는 로봇이 연구실에 있을 때는 조용하고 얌전했는데, 슬럼가에

며칠 보내 놨더니 짝다리를 하고 침을 뱉는 듯한 불량한 태도를 배워서 옵니다. 어떤 데이터를 가지고 어떻게 학습시켰냐에 따라서 다르게 결과가 나올 수 있다는 것을 보여 준 것이죠. 인공지능을 학습시키려면 데이터를 잘 골라내서 태깅을 깔끔하게 한, 합목적적으로 정제된 데이터를 사용해야 우리가 원하는 인공지능으로 작동한다는 겁니다. 이를 한마디로 하면 "쓰레기를 넣으면 쓰레기가 나온다(Garbage-In, Garbage-Out)"입니다. 그래서 최근에 인공지능 엔지니어들은 이 데이터 가공에 더 힘을 쓰고 있습니다.

● 미래 경쟁력은 데이터 오리지널리티

데이터 오리지널리티(Data Originality)에 관한 얘기도 해 보죠. 요즘 챗GPT, 달리(Dall-e) 등 생성형 인공지능 서비스가 나오고 나서 이들을 학습시킨 데이터를 소유한 회사들이 소송을 걸었습니다. "난 허락한 적이 없는데 왜 우리 데이터를 너희 마음대로 써먹어!"라고 주장하는 건데, 그런데 데이터 오리지널리티 문제는 초기 학습에만 그치지 않습니다.

재미있는 사례를 하나 들어 보겠습니다. 누구(NUGU)는 SK텔레콤의 인공지능 서비스인데, 여기에 '누구 셀럽(NUGU Celeb)'이라는 서비스가 있었습니다. 이 서비스는 사용자가 인공지능 스피커와 대화할 때 '아리아' 목소리 대신 인기 연예인 목소리로 답변을 들을 수 있는 서비스였습니다. EBS 펭수, 레드벨벳, 엑소, 슈퍼주니어, 엄기준, 강다니엘 등의 목소리를 들을 수 있었습니다.

여기서 질문을 하나 해 보겠습니다.

"인공지능 스피커 누구를 통해서 나오는 펭수 목소리는 누구의 것일까요?"

첫 번째로 생각해 볼 수 있는 것은 펭수가 소속된 EBS 것일 수 있습니다. 두 번째는 SK텔레콤 서비스에서 목소리가 나오니까 SK텔레콤 것일 수도 있습니다. 세 번째는 펭수 목소리를 낸 펭수 연기자, 즉 펭수 탈을 쓰고 있는 사람의 것일 수도 있습니다. 과연 누구 것일까요? 쉽지 않은 문제입니다. 현재는 학습 때 사용한 데이터에 대한 권리만 가지고 이야기를 하고 있으나, 앞으로는 인공지능에 뭔가 학습시켜서 나온 결과물에 대해서도 그것이 누구의 것인지 고민을 해야 합니다.

SK텔레콤이 NUGU 셀럽 서비스를 출시하기 전에 SM엔터테인먼트와 계약서를 작성할 때 이 소유권 문제로 인해 양측 법무팀이 몇 개월을 대립했습니다. 서로 소유권이 자기 것이라고 주장하면서요. 연예기획사는 기본적으로 자기 소속사 연예인으로부터 나온 것이고, 만약 서비스를 통해서 연예인 이미지가 훼손된다면 우리가 그 피해를 당하게 되므로 SM엔터테인먼트 소유라고 주장했습니다. SK텔레콤은 라이선스를 받아다가 우리 엔진에서 나오는 목소리니까 SK텔레콤 소유라고 주장하면서 몇 개월을 실랑이했습니다. (정답은 없는데, 공동 소유로 수익 배분에 대해서 합의하고 서비스를 출시했습니다.)

양측이 대립한 이유는 수익 배분에 대한 것이 아니라 결과물에 대한 법적 '소유권' 문제였습니다. 참고로 소유권은 사용 및 수익 처분에 대한 권리를 가지는데 만약 소유권이 최종 서비스 제공자에 있다면 그 처분권도 마음대로 갖게 됩니다. 즉 연예인 목소리 엔진을 제삼자에게 처분할 때 그 합성된 목소리에 대해 연예기획사나 연예인 본인이 권리를 행사하기 어려워질 수도 있습니다. 공동 소유라 해도 여전히 양측이 사용권과 처분권을 갖게 되어 향후에 문제가 발생할 소지가 있습니다.

펭수 사례에서 목소리는 펭수 연기자가 내죠. EBS가 연기자와 계약하여 각종 저작권과 출판권까지 모두 갖고 있지만 텍스트 음성 변환인 TTS(Text To Speech) 엔진을 통해 나오는 목소리에 대한 소유권은 EBS와 SK텔레콤 사이에서 분쟁이 일어날 수도 있습니다. 다만, 대형 연예기획사와 대기업이 상호 신뢰를 바탕으로 가장 중요한 사용 및 수익에 대한 권리를 합의해서 서비스를 제공한 것이니 리스크 관리 측면에서 큰 문제 없이 넘어갈 수 있었습니다.

그런데 만약 이것이 N차 생성 데이터로 가게 된다면 문제가 달라집니다. 이 부분에 대해서는 아직 답은 없습니다. 어떻게 사회적으로 합의할 것이냐의 문제입니다. 특히 최근에 주식 리딩방 등에서 명의 도용, 초상권 도용, 목소리 도용을 당하는 피해 사례가 늘어나고 있습니다. 조금 더 구체적으로 어떤 문제까지 생기냐면 유튜브의 〈삼프로TV〉 같은 유명한 경제 채널의 출연자들의 이름이나 초상권을 도용해서 불법 리딩을 하거나 유사 수신 행위와 같은 것을 하는 사례들도 있습니다. 심지어 주진형이라는 前 한화투자증권 대표를 하신 분이 있는데, 제가 놀랐던 게 페이스북에 그분이 단톡방을 만들었다며 투자에서 성공하고 싶은 분들은 오라는 페이크 영상이 올라와서 저도 처음에 속았습니다. 이렇게 도용할 경우, 현재 저작권법상으로는 최종 생산자가 그 소유권을 갖게 됩니다. 그런데 최종 생산자의 소유라고 해도 제삼자에게 피해를 주었을 때 그 피해는 도용당한 측과 제3의 피해자가 입습니다. 지금은 도용당한 사람을 보호할 방법도 없고, 중간에 도용한 사람들을 막을 방법도 없습니다. 실제로 〈삼프로TV〉에서 경찰에 고소해도 소용이 없고, 그저 방송을 시작할 때 '〈삼프로TV〉 출연자는 절대 리딩방에 없습니다'라는 안내 정도로만 대응하고 있습니다.

인공지능 기술이 점점 고도화되면 도용 사례가 늘어날 것이기에 중간 데이터의 법적 권한 문제도 반드시 정리되어야 합니다.

귀납적 인공지능의 특징과 한계

• 컴퓨터가 얻은 새로운 능력: 추상화 능력

그러면 결국 이 학습의 과정이라는 게 무엇일까요? 인간이 시각이나 청각 데이터를 받아들여서 학습한다고 할 때 제가 내린 결론은 '결국 추상화의 과정'이라는 겁니다. 어르신들이랑 얘기하다 보면 "얘들아, 인생사 별거 아니야."라고 말씀하십니다. 바둑을 아주 잘 두시는 분은 "바둑은 인생이랑 너무 비슷하다. 바둑에서 인생이 보여."라고 말씀하십니다. 예전에 하일성 해설의원은 야구 중계를 하면서 한 7회쯤 가면 "하, 야구가 인생이랑 너무 비슷해요."라고 하셨죠. 그러니까 어떤 것들을 보면서 추상화를 자꾸 하다 보면 공통으로 흐르는 것들을 깨닫게 됩니다. 궁극적으로 추상화된 가장 큰 레벨이 뭘까요? 부처님이 말씀하셨죠. "인생사 생로병사다." 사람마다 매우 다른 인생을 사는 것 같지만, 결국은 생로병사. 그렇게 추상화 과정의 단계를 올라가다 보면 이 정도까지 갈 수 있습니다. 생로병사까지 올라가고 나면 그다음에 인생을 바라볼 때 다양한 변형들은 있어도 큰 틀은 유지되고 있죠.

저는 학습이라는 게 이런 추상화의 과정이라고 생각합니다. 요즘 점점 더 인공지능이 발달하는 사례들을 보면 이게 정말 맞는 것 같다는 생각을 더욱더 많이 합니다. 추상화 능력은 소위 말하는 응용력을 갖게 만듭니다. 입력된 데이터를 일차적으로만 판단하지 않고, 그 안에 숨겨진 의미를 이해하고 다른 대응을 할 수 있게 된 것입니다. 이 추상화 역량을 갖춘다는 것이 어떤 의미를 갖게 된 것인지는 뒤에서 좀 더 자세히 다루겠습니다. 귀납적 인공지능이란 것이 경험론을 통해서 학습을 할 수 있게 되었고, 그 학습이라는 것은 결국 추상화 능력을 보유하게 된 것이라는 점을 기억하시기 바랍니다.

• 인간과 상호 보완적인 인공지능

이는 사례를 들어 보는 것이 좋겠습니다. 귀납적 인공지능을 활용하여 의료 영상 분석 서비스를 제공하는 업체들이 있습니다. 이 서비스들의 기능 중 하나는 영상 및 이미지 분석 기술을 의료 분야에 접목하여 X선, CT, MRI 등 의료 영상 데이터를 분석하여 암을 판별하는 기능입니다. 앞에서 설명했다시피 귀납적 인공지능은 확률에 기반해 처리한다고 했습니다. 즉, 틀릴 확률이 존재한다는 것이죠. 암 판별의 경우 틀릴 확률이 두 가지입니다. 하나는 암이 아닌데 암이라 진단하는 것이고, 다른 하나는 암인데 암이 아니라고 진단하는 것입니다. 이 두 가지는 상당히 다른 결과를 가져올 수 있습니다. 둘 중 하나의 사례가 더 큰 문제를 일으키기 때문입니다. 예를 들어, 일단 암인데 암이 아니라고 판단해서 암을 제대로 찾아내지 못할 경우, 더 큰 문제가 발생할 수 있습니다. 인공지능의 실수는 암이 아닌데 암으로 판단할 가능성이 더 크다고 합니다. 반대로 사람은 암이라 판단할 때 그것이 암이 아닐 가능성이 매우 낮다고 합니다. 그렇다면 인공지능과 인간의 협력이 더욱 효과를 발휘할 수 있습니다. 인공지능이 1차로 골라내고, 여기서 암일 가능성이 큰 영상을 사람이 2차로 분석하여 암을 발견하는 방식입니다. 이 사례는 인간과 인공지능이 어떻게 상호 보완적으로 협력할 수 있는지 힌트를 줍니다.

• **귀납적 인공지능의 한계**

이제 귀납적 인공지능의 한계에 관해 이야기하겠습니다. 기본적으로 크게 세 가지 측면이 존재합니다.

첫 번째는 무작위성(Randomness)입니다. 데이터에 무작위성이 지배하는 상황에서는 귀납적 인공지능이 학습할 수 없습니다. 앞에서 귀납적 인공지능은 데이터 사이에서 패턴을 찾는 것이라고 했죠. 그렇기에 학습용 데이터에 패턴이 없으면 학습을 못 하는 거죠. 만약에 누군가 "내가 전 세계 모든 사람을 이길 수 있는 가위바위보 인공지능을 만들었어."라고 말한다면 그건 그냥 사기라고 생각하시면 됩니다. 물론 특정인을 이길 수 있는 인공지능은 만들 수 있을 겁니다. 저도 아이들이 어렸을 때 아이들의 가위바위보 패턴을 알고 있었기 때문에 이기고 싶을 때 이기고, 져 주고 싶을 때 져 줄 수 있었습니다. 이렇게 특정인에게 맞춘 인공지능이라면 가능할 수도 있지만, 이 세상 모든 사람을 이기는 가위바위보 인공지능을 만들었다고 하면 그건 사기라고 생각하셔야 합니다.

> 참고로 누가 나한테 타깃팅한 가위바위보 인공지능을 만들었다고 한다면 어떻게 대응하면 될까요? 나도 무작위적으로 대응하는 겁니다. 주사위 같은 걸 굴려서 나오는 숫자에 맞춰서 내면 됩니다. 그러면 상대 인공지능을 무력화할 수 있습니다.

두 번째는 설명 불가능성(Unexplainable)입니다. 여기서는 어쩔 수 없이 기술적인 부분을 이야기해야 합니다. [그림 5]를 보면 컴퓨터 신경망이 학습한다는 것은 신경망 노드(일명 퍼셉트론) 사이 링크값, 즉 가중치(weight)를 복잡하게 계산해서 결정하는 것입니다. 우리 뇌세포로 비유를 들자면 뉴런은 신경망의 노드이고, 링크는 시냅스인데, 다른 뉴런으로 입력되는 시냅스 사이의 신경 전달 물질의 강도를 가중치(weight)로 볼 수 있습니다. 그런데 이 가중치 값은 부동 소수점 형태의 숫자(ex. 0.9846090562109231)로 표시가 되는데, 이 숫자값이 왜 이렇게 나온 것인지, 저 숫자가 무엇을 의미하는지 아직은 설명할 수 없다는 것입니다. 그래서 신경망을 블랙박스라고 부르기도 합니다.

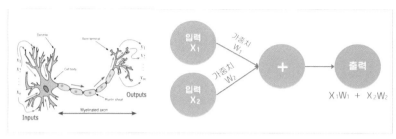

[그림 5] 뇌세포 뉴런과 컴퓨터 신경망의 비교

자, 그러면 이것이 왜 문제가 될까요? 그냥 사물 인식도 잘하고 문장도 잘 만들면 되는 것 아닌가요? 그 얘기도 맞습니다. 잘된다면 문제가 없습니다. 문제는 잘 안 될 때입니다. 잘못되었을 때 어디서 문제가 발생했는지 그 원인을 찾아야 그 문제를 해결할 수 있으니까요. 이 문제를 해결하기 위해서 설명 가능한 인공지능(Explainable AI)이라는 개념이 나오고, 설명 가능한 인공지능을 만들기 위해서 노력하고 있습니다. 최근에 인공지능의 설명 가능성의 길이 열렸다고 말하는 논문이 나와서 떠들썩한 적이 있습니다. 하지만 이 논문의 내용이 모든 인공지능의 설명 가능성을 높여 주는 것으로 보이지는 않습니다.

제 개인적으로는 인공지능을 설명 가능하게 하는 이런 접근 방식은 학술적 연구 대상으로는 모르겠으나, 사업화나 투자 측면에서는 별로 적절하지 않다고 봅니다. 인간의 대뇌가 어떻게 추상화하는지는 아직 밝혀지지 않았습니다. 만약 학습이라는 것이 정말 추상화의 과정이라면 설명 가능한 인공지능을 만드는 것은 쉽지 않으며, 다른 방식의 해결책을 찾는 것이 빠르다고 생각합니다.

그렇다면 다른 해결책은 어떤 방법이 있을까요? 엘리베이터가 나왔을 때 초기 사람들의 반응은 너무 느려서 답답해서 못 타겠다는 것이었습니다. 당연히 엘리베이터의 속도를 높이는 연구가 진행되었습니다. 그런데 답답함의 문제를 해결한 방법은 기술이 아니었습니다. 바로 '거울'을 다는 것이었습니다. 엘리베이터는 여전히 천천히 움직였으나 사람들은 거울을 보면서 다른 일을 했기에 느린 속도의 문제를 해결할 수 있었습니다. 귀납적 인공지능의 문제도 다른 방법으로 해결하는 것이 더 현실적인 방법일 수 있습니다.

세 번째는 확률론적 한계입니다. 앞에서 귀납적 인공지능이 마스크를 쓴 사람의 얼굴을 구별할 수 있는 건 확률로 비슷한 것들까지 패턴을 처리하기 때문이라고 말했죠. 그러니까 설사 귀납적 인공지능이 맞는 결과를 냈다고 하더라도 내재적 불확실성이 있는 겁니다. 나온 결과가 100% 확실하지 않다는 겁니다. 사람들은 보통 연역적 인공지능에 그랬던 것처럼 100% 확실한 결과를 컴퓨터에 기대하고 있습니다. 따라서 사람들은 컴퓨터가 내는 결과를 기존의 관성대로 100% 신뢰할 가능성이 큽니다. 사람들이 100% 확실하지 않다고 인지하는 순간, 그때부터 수용성이 달라집니다. 마치 원금 보장이 되는 정기예금 상품과 조금이라도 손실이 날 수 있는 금융 상품을 선택해야 할 때 사람들이 느끼고 수용하는 방식처럼 그 차이가 매우 큽니다.

"완전한 자율주행차의 시대는 생각보다 멀리 있을 수 있다. 설사 기술이 된다고 할지라도."

자율주행차에 대해서 생각해 봅시다. 만약 자율주행 모드로 운전하고 가다가 교통사고가 났다면 이 책임은 누구한테 물어야 할까요? 자동차 제조사? 자율주행 프로그램 개발사? 운전자? 참고로 지금은 교통사고가 나면 운전자가 책임을 집니다. 본인이 운전했으니까요. 그런데 앞에서 귀납적 인공지능은 설명 가능하지 않고 심지어 그 결과도 확률적인 처리라고 했습니다. 100%가 아니라면 과연 사람들이 믿고 탈 수 있을까요? 제가 강연을 다니면서 질문을 해 보면 귀납적 인공지능의 특징에 대해서 듣고 난 뒤에는 자율주행차를 타겠다는 사람이 확 줄어듭니다. 독자분들은 사고 확률이 얼마 이하면 자율주행차를 탈까요? 10%? 1%? 저라면 1% 이하여야 탈 것 같습니다. 그런데 제 가족은 못 태울 것 같습니다.

이런 점을 투자에 적용하면 어떻게 될까요? 잠깐 테슬라 주식에 관해 얘기하면, 두 번째 1,000달러를 넘어갔을 때(액면분할 이전 천슬라라 불리던 시절이 잠시 있었습니다.) 그때 시장에서 완전자율주행(FSD)에 대한 미래 가치를 당겨 와서 가치 평가(Valuation)를 했습니다. 주식 투자를 하는 분들은 잘 아시겠지만, 주식은 근본적으로 미래 가치를 현재 가치로 환산해서 가격을 책정하는 것입니다. 처음 1,000달러를 넘어갔을 때는 전기차 확산의 성장성을 판단했고, 두 번째 1,000달러를 넘어갔을 때는 완전자율주행 기능이 미래 가치 판단의 핵심이었습니다. 그때 제가 주변에 테슬라 주식을 가진 친구들한테 웬만하면 이제 파는 게 좋을 것 같다고 슬쩍 의견을 주었습니다. 그때 제 말을 듣고 팔았던 사람은 아직도 밥을 사고요, 그때 안 팔고 아직도 들고 계신 분들은 그때 제 말을 들었어야 했다고 합니다.

• 한계 극복의 주체: 인간

인간이 확률을 받아들이는 것은 쉽지 않습니다. 양자역학을 통해 확률론이 물리학의 근본이라는 점이 증명되었어도 여전히 사람들은 이를 어떻게 수용해야 할지 어려워합니다. 심지어 인류의 최고 천재 중 한 명이라는 아인슈타인도 "신은 주사위 놀이를 하지 않는다."라는 말로 확률적 세계관을 받아들이지 않았습니다. 인간 앞에 놓인 선택지는 결국 하나로 확정되기 때문입니다. 우리는 일기 예보에서 내일 비 올 확률이 60%, 40% 이런 확률로 예보를 받습니다. (그나마 이런 방식에 익숙해진 것도 얼마 되지 않았습니다. 처음에 비 올 확률로 예보를 시작했을 때, 사람들의 저항이 엄청 심했습니다.) 하지만 사람들이 선택할 수 있는 건 '우산을 가져갈 것이냐, 말 것이냐?'이기 때문입니다. 이는 의사 결정의 어려움과 연결된 문제입니다. 그나마 날씨의 확률적 예보야 좀 받아들이기 불편해도, 우산을 안 가져갔어도 비가 오면 근처 가게에서 우산을 사면 해결될 문제입니다. 그러나 내가 무언가 의사 결정을 해야 하는데 귀납적 인공지능이 알려 주는 결과가 확률이라면? 그리고 그 선택의 결과가 치명적인 차이를 만든다면? 결국 시장 확산에 대한 전망과 이에 대한 투자까지 고려해야 하는 상황이라면 확률적 불확실성에 대한 대처 방식이 중요한 변수로 작용하게 됩니다. 이에 대한 얘기는 뒤에서 다루겠습니다.

생성형 인공지능

• 귀납적 인공지능의 부산물

이제 귀납적 인공지능에 이어서 최근에 가장 뜨거운 이슈인 생성형 인공지능(Generative AI)에 관해서 이야기하겠습니다. 생성형 인공지능이 무엇이냐? 쉽게 얘기하면 기본적으로 생성형 인공지능은 "고양이를 그려 줘."라고 지시하면 학습한 데이터를 기반으로 고양이를 그려줍니다. 이 생성형 인공지능은 어떻게 만들어지게 되었냐? 바로 귀납적 인공지능이 그 원천입니다. [그림 6]을 보면 쉽습니다.

[그림 6] 귀납적 인공지능과 생성형 인공지능의 비교

[그림 6]의 왼쪽은 귀납적 인공지능의 학습 방법입니다. 인풋 데이터로 사진을 입력하고 "애는 고양이야."라고 학습시킵니다. 여러 고양이 사진을 입력하고 고양이라고 가르쳐 주면 신경망이 스스로 고양이의 특징, 즉 패턴을 찾아서 학습합니다. 이게 귀납적 인공지능 핵심이에요. 그러면 생성형 인공지능은 어떻게 만드는 것이냐? [그림 6]의 오른쪽처럼 학습을 통해서 귀납적 인공지능을 만들었던 신경망을 뒤집어서 입력과 출력을 반대로 내는 것이 바로 생성형 인공지능입니다.

왼쪽을 보시면 1번 사진도, 2번 사진도, 3번 사진, 4번 사진도 모두 고양이입니다. 귀납적 인공지능은 함수로 따지면 N:1 매핑(mapping)입니다. 그러면 고양이를 그려 달라고 고양이를 입력으로 받으면 저 신경망은 어떤 사진을 결과로 출력해야 할까요? 오른쪽 그림과 같은 4번 사진을 바로 보여 줄까요? 즉, 생성형 인공지능이 정확히 4번 그림과 같은 고양이를 그리는 것을 사람이 원한다면 어떻게 해야 할까요? 그러면 내가 원하는 고양이는 어떤 품종이고, 전체적으로 검은색인데 목에 하얀 줄이 있고, 귀 끝은 뾰족하고, 왼쪽을 보고 있고, 조명은 오른쪽에서 비춘다는 등 자세하게 알려 줘야 사용자가 원하는 그림을 제대로 생성할 수 있습니다. 이걸 바로 '프롬프트 엔지니어링'이라고 합니다. 즉, 귀납적 인공지능에서 발생했던 N:1 매핑의 문제점이 생성형 인공지능에서는 1:N 매핑으로 발생하는 불확실성으로 발생하게 되는데, 이 불확실성을 줄여 주는 것이 바로 프롬프트 엔지니어링입니다. 쉽게 얘기하면 자세하게 써야 한다는 얘기예요. 이게 생성형 인공지능을 잘 활용할 수 있는 핵심이고, 프롬프트 엔지니어링이 필요한 이유입니다.

• 새로운 생산 수단의 등장: 새로운 인류 역사의 변곡점

다음으로 생성형 인공지능이 가지는 인문학적 의미에 대해서 생각해 보겠습니다. 챗GPT 출시 이후 생성형 인공지능이 나오면서 주로 일자리 대체 문제가 다뤄지고 있습니다. 유튜브에도 '어떤 일자리들이 대체될 거다, 어떤 일자리들은 대체되지 않으니 이렇게 대비해야 한다'는 등의 섬네일 제목들이 검색됩니다. 물론 개인 측면에서는 이 부분도 중요하지만 이 생성형 인공지능이 가지는 의미에 대해서 좀 더 근본적으로 살펴볼 필요가 있습니다.

결론부터 이야기하면, 저는 생성형 인공지능이 인류 역사에 새로운 생산 수단으로 등장했다고 생각합니다. 인류 역사에서 생산 수단이 뭐가 있을까요? 그리고 새로운 생산 수단의 등장은 어떤 변화를 만들어 냈을까요? 중세 시대까지 대표적인 생산 수단은 토지였습니다. 권력자들은 토지를 차지하기 위해 전쟁을 치렀고, 이 토지에서 나오는 생산물을 나누어 먹고살았습니다. 여기서 주도권을 가진 사람들이 중세 서양에서는 봉건영주였고, 동양에서는 전제군주들이었지요. 이들이 생산 수단을 독과점하고, 이를 기반으로 세상을 지배했습니다. 중세 시대까지만 해도 토지가 대부분 직접적인 생산 수단이었습니다. 그러다가 산업혁명이 일어나면서 공장으로 대표되는 새로운 생산 수단이 등장합니다. 2차 산업이라는 제조업이 생겨나면서 이를 통해 자본을 축적한 부르주아가 새로운 생산 수단을 보유한 세력으로 등장합니다. 공장은 제조업의 생산성을 극대화한 수단으로써 여기서 발생하는 과잉(surplus)을 부르주아 계급이 가져가면서 새로운 지배 계급이 되었습니다. 그리고 축적된 자본이 다시 자본을 만들어 내는 상황이 되면서 이제는 자본이 새로운 생산 수단이 된 상황입니다. 지금은 자본주의 시대로 자본을 보유한 사람들이 세상을 지배하고 있습니다.

시대별로 각 생산 수단이 세력을 얻게 된 배경이 다 있는데, 지금 시대는 정보화 시대, 디지털 경제로 대변되는 시대입니다. 연역적 인공지능, 1세대 컴퓨터가 나오면서 거의 모든 정보가 디지털화(Digitization)되었습니다. 즉, 실질적으로 물질의 형태를 가져야 하는 것이 아닌 것들은 디지털 세계(Digital World)에서 별도의 상품으로 존재합니다. 대표적으로 음악이 그렇고, 영상이 그렇습니다. 그런데 생성형 인공지능이 등장하면서 디지털 세계의 상품이 새롭게 생산될 수 있는 상황으로 바뀌었습니다. 디지털 상품을 만들어 낼 수 있는 새로운 생산 수단이 등장한 것입니다. 역사적으로 새로운 생산 수단의 등장은 그 생산 수단을 보유하기 위한 치열한 경쟁을 불러왔고, 이는 패권 다툼으로 연결되었습니다. 현재는 글로벌 시대로 세계 모든 국가가 연결되어 있습니다. 국가는 그 경쟁의 단위입니다. 이런 국가 단위의 경쟁에서 인공지능을 둘러싼 패권 다툼은 앞으로도 더욱 치열해지지 약화될 가능성은 적습니다. 미국이 귀납적 인공지능을 만들어 낼 핵심 요소 중 하나인 반도체 주도권을 가져가기 위해 자국에 공장을 짓고,

잠재적 경쟁 상대인 중국에 첨단 장비나 반도체 수출을 금지하는 이유입니다. 미국의 정치 지도자들이 안보 이슈를 제기하지만 그 이면은 새로운 생산 수단에 대한 경쟁 우위를 달성하기 위한 것으로 생각합니다. 이는 엔비디아 등의 어느 한두 기업의 주가 상승의 문제보다 더 근본적인 이유입니다.

정리하면, 생성형 인공지능은 인류 앞에 등장한 새로운 생산 수단 중 하나이자 결국 새로운 부의 창출 수단이기도 합니다. 새로운 부의 창출 수단이라는 측면에서 미국의 주요 빅테크 기업들이 세계의 증시를 주도하고 있습니다. 버블이냐 아니냐의 논란을 떠나서 가장 가능성이 큰 주식을 전 세계인이 매수하고 있는 것이죠.

- **양날의 검: 이미 세상을 바꾸고 있다, 눈에 보이는 것도 믿을 수 없는 수준으로**

2022년 말부터 IT 업계에는 생성형 인공지능을 활용한 새로운 스타트업과 서비스들이 폭발적으로 나오고 있습니다. 카테고리는 크게 세 가지입니다. 첫 번째는 이미지와 영상입니다. 두 번째는 글과 언어입니다. 세 번째는 소리와 음악입니다. 이미지나 영상의 대표적인 서비스는 달리, 스테이블 디퓨전(Stable Diffusion), 가장 최근에는 오픈AI의 소라(Sora), 알리바바의 EMO 등이 있습니다. 글과 언어는 챗GPT가 대표적이고, 트로(Traw), 릴리스(Lilys), 마이크로소프트의 코파일럿

(Copilot) 등이 있습니다. (지금은 주력 서비스가 다르지만 곧 통합 서비스로 확장될 것으로 예상합니다.) 마지막으로 소리와 음악과 관련한 서비스는 앞에서 이야기했던 연예인 목소리를 지원하는 누구(NUGU)와 성우 목소리를 생성하는 타입캐스트(TypeCast)등이 있고, 음악을 생성하는 스플래시(Splash) 등이 대표적입니다. 이걸 다 조합하면 유튜브 동영상 같은 것들을 비교적 쉽게 만들 수 있습니다. 크리에이터가 많아지고 '10분 만에 유튜브로 돈 버는 법' 같은 영상들이 소개되고 있죠.

Q: 인간은 오감이 있는데 왜 시청각과 관련한 인공지능만 나올까요?

A: 이유는 촉각, 후각, 미각과 같은 다른 감각에 대해 학습시킬 충분하고 객관적인 데이터가 부족해서 그렇습니다. 촉각은 최근 로봇 기술과 햅틱 기술 등이 존재하지만, 아직 인간의 촉각을 완전히 모사할 만큼 발전되지는 않았습니다.

Q: 왜 어마어마한 데이터 처리가 가능해진 지금에야 이미지와 말에 대한 처리가 가능해진 걸까요?

A: 인간의 두뇌에서 시각을 처리하는 부분은 후두엽입니다. 후두엽의 대부분이 시각을 처리한다고 합니다. 상당히 많은 뇌세포가 시각 처리에 관여되어 있음을 알 수 있죠. 이것으로 미루어 짐작하건대 시각 데이터 처리에 많은 프로세싱 파워(Processing Power)가 필요할 것임을 추측할 수 있습니다.

그리고 인간이 다른 동물들과 구분되는 가장 큰 특징은 바로 언어를 사용할 수 있다는 것이죠. 인간은 전체 신체 대비 큰 두뇌를 갖고 있습니다. 여기서도 언어를 다루려면 어느 임곗값 이상의 뇌세포가 작동하리라 추측할 수 있습니다. 공룡의 두뇌가 절댓값으로는 인간의 두뇌보다 크지만 공룡의 몸집을 관리하기 위해 필요한 뇌세포 수를 생각한다면 인간만이 언어를 다룰 수 있다고 볼 수 있습니다.

[표 1] 생성형 인공지능의 카테고리별 서비스 예시

카테고리	세부 카테고리	서비스 예시
이미지 및 영상	일반 이미지 생성	달리(DALL-E), 스테이블 디퓨전(Stable Diffusion)
	영상 생성	소라(SORA), EMO, Flux
	아바타 생성	헤이젠(HeyGen)
글 및 언어	영상 내용 요약 및 스크립트 정리	트로(Traw), 릴리스(Lilys) 등
	프로그래밍	코파일럿(Copilot(github))
	ppt 제작	코파일럿(Copilot)
	자연어 생성	챗GPT(ChatGPT), 제미나이(Gemini), 클로드(Claude), 하이퍼클로바(HyperCLOVA) 등
소리 및 음악	성우 및 연예인 목소리	타입캐스트(Typecast), 오디오박스(Audiobox)
	음악 생성	스플래시(Splash)
	Q&A 답변 생성	콜 센터 솔루션(Call Center Solution)

[표 1]은 크게 세 가지 카테고리별로 최근에 폭발적으로 등장하는 서비스의 대표적인 사례들을 적은 것입니다. 지금은 신기술이 개발되며 마치 캄브리아기 대폭발 때처럼 수많은 인공지능 서비스들이 나오고 있는 상태입니다. 책을 쓰는 기간 동안에도 계속해서 새로운 서비스들이 나오고 있어 업데이트가 힘든 상황입니다. 하지만 조만간 시장에서 자리 잡은 서비스들을 중심으로 기업 또는 서비스 간에 콘솔리데이션[1](consolidation)이 발생하고 정리가 될 겁니다. 그 후보 중 하

---

1   여러 경쟁자들이 있을 때, 서비스 통합, 기업들 간의 인수 또는 합병 등을 통해서 세력을 키워서 경쟁력을 강화하는 것.

나가 마이크로소프트의 코파일럿입니다. 여담인데, 마이크로소프트의 엑셀이나 파워포인트를 만들던 프로그래머들이 요즘 굉장히 좋아하고 있다고 합니다. 왜? 엑셀과 파워포인트에 있는 모든 기능을 사람들이 쉽게 쓸 수 있게 됐기 때문이라는데, 코파일럿은 워드 문서를 쉽게 프레젠테이션 문서로 변환도 해 주고, 기존 문서를 요약도 해 주는 등 생산성을 높이는 작업들을 해 주고 있습니다.

영상 내용 요약 서비스나 텍스트 음성 변환 TTS 기반의 스크립트 정리 서비스들은 유튜브 링크를 해당 사이트에 입력하면 오른쪽에 내용을 요약해 줍니다. 2시간짜리 유튜브 영상도 몇 초 이내에 다 정리해 줍니다. 사실 이 책의 초안도 이런 서비스를 활용해서 작성했습니다. 과거에는 작가를 고용하거나 오랜 시간 생각을 정리해서 원고를 작성했죠. 지금은 목차를 작성하고 그 목차를 키워드로 슬라이드를 만든 후에 강연 영상을 하나 만들면 바로 책의 초고를 작성할 수 있습니다. 앞에서 말씀드렸던 인공지능(특히 생성형 인공지능)이 가지는 의미, 즉 새로운 생산수단으로 활용하고 있다는 증거입니다.

헤이젠(Hey Gen)이라는 서비스도 재미있습니다. 1분 30초짜리 제 영상을 찍어서 올리면 30분 정도 후에 저랑 똑같이 생긴 아바타를 만들어 줍니다. 이 영상에다가 제가 하고 싶은 이야기를 중국어, 일본어, 스페인어 등 다양한 언어로 번역해서 올리면 해당 언어로 더빙해서 동영상을 만들어 줍니다. 물론 저라는 것을 증명하기 위한 몇 단계 과정을 거칩니다. 누군가 영상을 가져다가 도용하는 걸 방지하기 위한 과정입니다. 예를 들어 제가 하는 강연이 녹화되고 있는데, 이 원본 영상을 가지고 헤이젠에 올려서 제 아바타를 만든 다음에 제가 중국 사람들한테 서비스하고 싶으면 제 유튜브 채널에 한국어 버전, 중국어 버전, 스페인어 버전 등 전 세계 버전으로 만들어서 올릴 수 있게 됐습니다. 이러니 생산 수단의 혁신이라는 말을 쓰지 않을 수 없습니다. 현재는 헤이젠이라는 사이트에서 이런 작업을 하지만, 조만간 유튜브에서 이런 기능을 제공할 것으로 예상합니다. 우리말로 영상을 올리면 자동으로 전 세계 언어로 변경해서 저의 목소리로 더빙하는 겁니다. 유튜브라는 글로벌 채널에서 글로벌 방송을 하게 되는 것이죠.

오픈AI에서 공개한 소라(SORA)는 재미도 있고, 혁신적인 서비스입니다. 프롬프트를 입력하면 1분 내외의 동영상을 만들어 주는 서비스입니다. 이미 인공지능 분야에 계신 많은 분이 놀라움을 금치 못하셨을 겁니다. 프롬프트를 자세하고 명확히 준다면 내가 원하는 영상을 자세하게 만들어 줍니다. (책으로는 직접 보여 드릴 수 없으니 해당 사이트를 꼭 방문해 보세요. 여러 소개 영상이 있는데, 계속 개선된 버전이 나올 것으로 예상합니다.) 한 가지 사례만 소개하자면 바닷가 절벽에서 파도가 치는 영상을 드론 샷으로 만들어 달라는 프롬프트를 입력해서 출력된 영상이 있습니다. 이런 영상을 직접 찍어야 한다고 생각해 봅시다. 날씨도 맞아야 하고, 시간도 맞춰야 하고, 강한 파도가 치려면 강한 바람이 불어야 하는데, 그러면 드론의 안정적인 비행을 장담할 수 없습니다. 실제로 물리적으로 저런 화면을 얻으려면 다양한 변수가 존재할 테고, 이는 바로 비용의 증가로 이어집니다. 하지만 컴퓨터 앞에서 프롬프트 몇 줄로 멋진 화면을 만들어 낼 수 있다면 영상 제작 업계에 어떤 변화가 일어날지 쉽게 상상할 수 있습니다.

소라(SORA)만큼 인상적인 서비스가 몇 주 후에 중국 알리바바에서 나왔습니다. 사진-동영상 변환 서비스(Photo To Video) 서비스인 EMO 입니다. 사진을 한 장 입력하고 노래를 배경에 깔면 사진 속 인물이 입을 움직이고 표정을 지으면서 실제 노래하는 것처럼 동영상을 출력하는 서비스입니다. 엔터테인먼트 업계에서 뮤직비디오를 찍으려면 비용이 많이 드는데, 비용 면에서도 혁신이 이루어질 것으로 기대합니다. 〈히든싱어〉라는 프로그램에서 故 김광석 씨와 故 신해철 씨의 노래를 복원해서 모창 가수들과 경연시켰던 사례가 있었는데, 이제는 그분들의 사진을 가지고 영상을 만들어서 프로그램을 제작할 수 있게 되었습니다. SM엔터테인먼트는 '에스파'라는 그룹을 선보이기 전에 해당 멤버들의 가상 아바타를 만들어서 온라인과 오프라인에서의 활동을 동시에 준비하기도 했죠. 이제는 그러한 것들을 정말로 쉽게 할 수 있는 시기가 온 겁니다.

그런데 문제는 이렇게 새로운 것들이 가능해졌음에도 불구하고, 이러한 새로운 기술은 인류에게 새로운 문제를 야기시킵니다. 그건 바로 현실과의 구분이 어려워지는 것이고, 이와 연결되어 발생하는 '도용' 문제입니다. 디지털 세상의 가장 큰 특징이 쉽고 싸게 복제가 가능하다는 것이었는데, 기존에는 그나마 원본이 있고, 복제본이 있다는 것이었습니다. 그런데 이제 새롭게 생성된 복제본이 있게 되는 것이고, 이것이 원본이 하지 않은 말과 행동까지 가능하게 만들 수 있다는 것입니다. 귀납적 인공지능이 현실과 구별할 수 없게 만들 뿐만 아니라 실제 세계에서 하지 않은 일까지 원본이 한 것처럼 꾸밀 수 있게 된다는 것이죠. 대표적인 예가 앞에서 잠깐 언급했듯이 유사 투자 유도 등의 사기 행각이 벌어지게 되는 것입니다. 앞으로도 더욱 현실과 구별하기 어려운 일들이 벌어질 가능성이 높습니다. 귀납적 인공지능이 점점 발전하면서 실제 우리 생활에 양날의 검으로 작동하기 시작하고 있습니다.

> Q: 왜 시청각과 관련한 서비스들만 계속 나올까요? 촉각, 미각, 후각과 관련한 서비스는 없나요?
>
> A: 기본적으로 귀납적 인공지능은 학습용 데이터가 필요합니다. 그런데 시청각을 제외한 나머지는 그 데이터가 부족해서 학습시키기가 어려운 측면이 있습니다. 지금 휴머노이드 로봇 기술이 점차 발전하고는 있지만, 아직 사람을 완전히 따라 하기는 어려운 이유 중 하나입니다.

• 생성형 인공지능의 한계

자, 그러면 생성형 인공지능의 이슈와 한계에 대해서도 다루어보겠습니다. 첫 번째는 불완전성입니다. 앞에서 고양이 사례를 이야기했습니다. 프롬프트를 정확하게 주지 않으면 원하는 결과를 얻기가 쉽지 않죠. 그리고 같은 프롬프트를 입력해도 그때그때 나온 결과가 다릅니다. 그러니까 예측 가능성이 떨어지는 겁니다. 이 원인은 앞에서 얘기했던 1:N 매핑이 가진 한계라서 피하기가 매우 어렵습니다. 어떤 일을 할 때, 그 결과에 대한 예측성이 떨어지는 것은 생산성이나 효율성 측면에서 상당히 부정적인 효과를 가져올 수 있습니다. 해결책은 프롬프트 엔지니어링을 통해서 가능한 한 자세하게 입력하는 것입니다. 그러면 원하는 결과를 얻을 가능성이 커집니다.

두 번째는 할루시네이션(Hallucination)입니다. 이 문제는 쉽게 얘기하면 그럴듯한 거짓말을 한다는 문제입니다. 실제로 미국의 한 변호사가 챗GPT에 변론서를 작성해서 그대로 판사에게 제출했는데, 챗GPT가 실재하지 않은 판례를 예로 들어 그럴듯하게 작성해서 문제가 된 적이 있었습니다. 최근에는 기술 발전과 좀 더 많은 데이터 학습을 통해 이런 문제가 줄어들고 있다고 해도 완전히 없어질 수는 없다고 봅니다. 말을 그럴듯하게 하는 능력과 정확한 사실을 말하는 능력은 별개니까요.

혹시 최근에 엣지 브라우저에서 코파일럿을 써 보셨나요? 마이크로소프트는 코파일럿을 출시하면서 엣지 브라우저 밑에다가 "여기서 나온 대답은 100% 정확하지 않을 수 있습니다."라고 경고 문구 같은 걸 달아 놨어요. 이런 식으로 법률적 리스크를 회피하는 거죠. 그러니까 내가 이 서비스를 내야겠다는 강력한 의지가 있으면 법무팀에 "법률적으로 회피할 수 있는 방법을 찾아보세요."라고 지시를 내렸을 거에요. 그 방법을 마이크로소프트의 코파일럿에서 찾게 되는 거죠. 그런 경고 문구가 하나 있으면 법률적으로 면피가 될 수 있습니다. 이렇게 새로운 기술을 개발했을 때 시장에 어떠한 방식으로 출시할 것이냐는 사업을 추진하는 의사 결정자가 해야 할 가장 중요한 요소 중 하나입니다.

서비스를 완벽하게 만들어서 낼 것인지, 아니면 약간 불완전하더라도 일단 내고 수정하면서 갈 것인지를 정하는 것은 굉장히 중요한 전략인데, 그런 전략들을 어떻게 수용하고 채택할 것인가는 독자 여러분이 나중에 기업에서 의사 결정자 역할을 하게 되거나 스타트업을 차려서 의사 결정을 해야 할 상황이 되면 부딪히게 될 중요한 문제입니다.

마지막은 비용 문제입니다. 얼마 전부터 비용과 관련된 이슈들이 불거지기 시작했습니다. 귀납적 인공지능이나 생성형 인공지능을 만들고 유지하는 비용은 엄청 비쌉니다. 거꾸로 이런 신경망 시스템을 만들어서 학습시키다 보면 거꾸로 인간의 두뇌가 얼마나 효율적인 시스템인지 알게 되죠. 우리 두뇌가 약 20와트 정도를 소모한다고 하는데, 인공지능용 데이터센터는 옆에 발전소를 두어야 할 수준이라고 합니다. 어쨌건 GPU를 돌리고 냉각 시스템 등까지 운영하려면 데이터센터가 엄청나게 많이 지어지거나 개선되어야 할 텐데, 여기에 전기를 대려면 시스템과 인프라를 갈아야 합니다. 그래서 2024년 2~3월경에 평소에는 별로 관심 없었던 전기 관련 주식들이 많이 오르는 부가적인 효과까지 시장에 나타났습니다.

그런데 이 비용 측면에서 또 다른 문제는 한 번 학습시킨다고 끝이 아니라는 겁니다. 예를 들면 SK텔레콤이 누구 서비스를 제공할 때 굉장히 곤란했던 것 중의 하나가 새로운 유행어나 줄임말들이 계속 나온다는 거였어요. 예를 들어 "아, 너무 슬퍼서 눈물이 난다."라고 하면

될 걸 "아, 너무 슬퍼서 안구에 습기가 차. 안습이야, 안습."이라는 새로운 표현을 쓰는 거예요. 그리고, 이러한 신조어는 계속해서 생겨나서 사라지고 합니다. 이런 언어의 사회성은 인간 언어의 고유한 성질로서 거부할 수 없고 무조건 수용해야 하는 성질입니다. (실제로 표준어나 문법도 시간이 지남에 따라 많은 사람이 쓰면 그걸 수용하는 방식으로 바뀝니다.) 새로운 유행어는 언어를 담당하는 부서에서 계속 새로 학습시켜야겠죠. 물론 맨 처음 학습시키는 것처럼 돈이 많이 소비되지는 않고, 전이 학습(Transfer Learning) 등 기술적으로 비용을 줄일 방법 등도 있습니다. 아무튼 한번 만들어 놓으면 그대로 계속 갔으면 좋겠는데, 새로운 말과 이미지가 나와서 계속 새롭게 학습시켜야 한다는 점은 피할 수 없는 비용 상승 요소입니다. 근데 한 번씩 학습시키는 데도 비용이 어마어마한데, 한 번으로 끝나지 않고 지속해서 학습시켜야 한다는 사실은 기술적인 문제가 아니라 시장에서 얼마나 빠른 속도로 어느 범위까지 확산될 것인가(Market Diffusion)를 예측할 때 고민해야 하는 굉장히 중요한 문제입니다.

2부

인공지능은
어떻게 시장과
상호 작용 할 것인가?

기술은 시장을 통해 발현된다.

3장

인공지능으로 인한
미래 변화는
어떤 모습일까?

인공지능 기술이 시장에 주는 의미

1부에서는 컴퓨터 발전의 관점에서 인공지능의 개괄적 역사와 의미에 대해서 알아보았습니다. 이제 인공지능의 미래 모습, 특히 시장과 어떻게 호흡하면서 발전해 나갈 것인지 살펴보겠습니다.

• 데이터 vs 메타데이터

일반적으로 기술이 발전하려면 시장과 긍정적인 상호 작용을 하면서 발전해야 지속될 수 있으며, 시장과 긍정적 상호 작용을 하지 못하면 연구실의 성과나 논문 수준으로 남게 되면서 결국 사장되고 맙니다. 그런데, 시장과 제대로 상호 작용을 하면서 발전을 하려면 이 인공지능이 시장에 주는 의미가 무엇인지를 먼저 파악해야 합니다. 귀납적 인공지능은 컴퓨터에 경험론이 되면서 추상화 과정을 통해 패턴을 찾아내는 방법을 알게 된 것이라 했고, 생성형 인공지능은 이 신경망을 반대로 활용하여 인류 역사에 새로운 생산 수단이 등장한 것이라고 1부에서 정리했습니다. 이 인공지능이 가져온 효용을 조금 더 근본적으로 바라본다면 기존의 IT 혁명들과 무엇이 다른 것일까요?

기존의 IT 혁명은 크게 1990년대 웹 혁명과 2010년대 모바일 혁명으로 볼 수 있습니다. 이 두 번의 혁명이 가지는 근본적 의미는 컴퓨터와 스마트폰의 연결을 통해 인류가 처리할 수 있는 데이터의 확장이라고 볼 수 있습니다. 웹 혁명 시기는 기존에 개별 컴퓨터에 흩어져 있던 데이터-각종 보고서와 같은 문서 파일이나 컴퓨터 게임 데이터 등-들이 연결을 통해 상호 작용 할 수 있게 된 것으로 볼 수 있습니다. 개별 컴퓨터에서 생성된 여러 글이 메일의 형태로 게시글의 형태로 다른 컴퓨터들과 연결된 상태에서 상호 작용 하면서 검색, 온라인 커머스, 커뮤니티, SNS 등이 가능해지게 된 것이라 볼 수 있습니다. 모바일 혁명은 여기에 스마트폰을 통해 추가로 생성된 데이터, 예를 들면 위치 데이터 같은 것들이 추가되고, 각 개인 레벨로 생성되는 데이터까지 처리할 수 있게 된 것입니다. 이런 식으로 생성되는 데이터들은 우버와 같은 서비스를 만들 수 있게 되었고, 개인 미디어가 발달하면서 '인플루언서(Influencer)'라는 직업도 나타나게 된 것입니다. 컴퓨터를 데이터를 처리하는 기계라는 관점에서 본다면 웹 혁명과 모바일 혁명은 연결의 확장과 개인화를 통해 처리 가능한 데이터의 범위가 확장되었던 것으로 볼 수 있습니다.

그렇다면 이러한 데이터의 관점에서 인공지능이 가져온 변화는 무엇일까요? 신경망을 활용한 귀납적 처리와 확률론적 처리가 약간 철학적인 의미라면, 데이터의 관점에서는 '메타데이터'를 처리할 수 있게 된 것이라고 볼 수 있습니다. 예전에는 컴퓨터를 통해서 일차적인 데이터가 모이고 이에 대한 해석을 사람들이 해서 메타데이터를 만들어 냈다면, 이제는 컴퓨터가 자체적인 추상화 과정을 통해 메타데이터를 처리할 수 있게 된 것입니다. 이 의미를 직관적으로 파악할 수 있는 것이 바로 번역이라는 사례일 것입니다. 기본적으로 과거에 번역이 잘 안 되던 이유는 언어적 표현을 그대로 옮기려고 했었기 때문입니다. 단어를 사전에서 찾아 바꾸고 문장 구조를 분석해서 다른 언어 체계의 문장 구조로 변경하려는 방식이었습니다. 그러다 보니, 그 결과물이 매끄럽지 않았습니다. 봉준호 감독님이 영화 〈기생충〉으로 아카데미상을 상을 받고 인터뷰를 할 때, 그 옆에서 통역해 준 배우분의 통역에 사람들이 매우 놀라워하며 박수를 보낸 일이 있습니다. 이분의 번역이 매끄러웠던 것은 시상 소감의 '말'을 바꾼 것이 아니라, 그 '의미'를 파악하여 영어 문화권에서 그 '의미'를 전달하기 위해 쓰이는 '표현'으로 바꾸어 주었기 때문입니다. 귀납적 인공지능이 도입되면서 번역의 성능이 급속히 발전한 것은 인공지능이 바로 그 언어 데이터가 가지는 의미를 추상화를 통해서 파악하고, 이를 일종의 메타데이터 (meta-data)로 저장하고, 다시 다른 언어의 데이터로 변환하기 때문에 더욱 자연스럽게 번역이 가능해진 것입니다. 즉, 의역이 가능해진 것이라 볼 수 있습니다.

그러나 이는 귀납적 인공지능의 긍정적인 측면이고, 부정적인 측면도 있습니다. 의역하다 보면 원래의 의미를 100% 정확하게 전달할 수 없는 상황이 더 많습니다. 즉, 뜻은 대충 통했으나 전달하려고 했던 정확한 의도는 전달하지 못할 수도 있다는 의미입니다. 19세기 서양에서는 분석철학이 유행했는데, 이때 중요한 주제 중의 하나가 어떠한 개념을 정확히 담아낼 수 있는 단어는 하나가 유일하다는 것입니다. 철학적 정확성을 높이기 위해서 노력하다 보, 어떠한 개념을 표현할 수 있는 단어는 오직 하나밖에 없다는 식으로 정확성을 높이는 것에 집중하던 시기였습니다. 하지만 실제 대부분의 인간의 커뮤니케이션은 이렇게 면밀한 정확성을 갖추지 않아도 되는 경우가 많습니다. "무슨 말인지 알지?"라는 영화 대사나 개그 유행어도 있지 않았습니까?

기존의 컴퓨터가 수학적 논리를 바탕으로 만들어진 연역적 인공지능이 100% 정확한 것을 추구하다 보니 놓치고 제대로 처리하지 못하던 데이터를, 귀납적 인공지능은 추상화를 통해서 정확도를 약간 희생하면서 처리할 수 있는 데이터의 범위를 넓힌 것이라 볼 수 있습니다. 이는 웹 혁명 시기와 모바일 혁명 시기를 통해서 컴퓨터가 다루어야 할 데이터의 범위가 확장된 시기였다면, 인공지능 시대는 데이터를 다루는 방법론의 변화를 통해 데이터를 처리할 수 있는 범위가 새롭게 확장된 시기가 도래한 것이라 볼 수 있습니다.

귀납적 인공지능의 이러한 본질적인 성질은 새로운 한계를 만들어냅니다. 그 새로운 한계는 데이터의 처리 범위를 확대하기 위해서 희생한 바로 100% 정확성을 포기하는 것입니다. 컴퓨터가 내놓은 결과가 틀릴 수도 있다? 일종의 확률로 대답을 내놓는다? 이는 번역처럼 대충 무슨 말인지만 알아들으면 되는 경우에는 문제가 안 될 수도 있지만, 높은 정확성이 요구되는 상황이라면? 이는 기업이나 시장의 관점에서 본다면 새로운 비용의 발생을 의미하게 됩니다. 인공지능이 내놓은 결과물을 그대로 쓸 수 있는 것이 아니라, 사람이 한 번 더 확인 작업을 해야 한다면 바로 인건비가 들어가야 함을 의미합니다. 그리고, 고객에 전달된 그 결과물에서 문제가 발생한다면 이는 고객 관리 비용의 상승으로 이어질 수도 있습니다. 물론 현재까지는 더 많은 데이터를 가지고 학습을 하면 정확도가 더 올라가는 것으로 지금까지는 파악이 되어 빅테크 업체들이 계속 비용을 들여서 학습 데이터를 늘이고, 신경망의 크기를 키워서 개발을 진행하고 있으나, 여전히 100% 정확성은 아닐 것입니다.

[표 2] Data 관점에서의 과거 혁명과의 차이점]

	웹/모바일 혁명	AI 혁명
다루는 Data	Real Data	Meta Data
결과의 정확성	100%	확률적 결과

이러한 패러다임의 변화가 인류 역사에 언제 있었을까요? 바로 20세기 초 물리학에 양자역학이 도입되었을 때입니다. 하이젠베르크의 불확정성 원리가 발표되면서 물리학계에는 큰 혼란이 옵니다. 기존의 믿음 체계는 이 세상은 완전한 규칙이 존재하고, 이로써 세상 물질의 모든 움직임을 위치와 속도로부터 계산해서 100% 완벽하게 예측할 수 있을 것이라는 믿음이 근저에 깔려 있었습니다. 그러나 양자역학으로 인해 전자의 위치와 속도를 동시에 알 수 없다는 것이 증명되고, 전자의 위치도 확률 분포 함수의 형태로 알 수밖에 없다고 결론이 났

을 때, 아인슈타인을 비롯한 기존 과학자들은 '신은 주사위 놀이를 하지 않는다.'라는 말을 하면서 격렬히 저항했습니다. 하지만 시간이 흐르면서 점차 양자역학은 인류에게 받아들여졌고, 라디오, 텔레비전, 반도체와 같은 상품으로 만들어지면서 인류의 삶에 스며들었습니다. 귀납적 인공지능도 마찬가지일 것입니다. 양자역학을 몰라도 텔레비전을 보는 데 아무런 문제가 없듯이, 인공지능의 원리를 몰라도 컴퓨터를 사용하는 데 일반인들은 큰 문제가 없을 수도 있습니다. 하지만 이러한 근본적인 패러다임의 변화는 인류가 예상하지 못했던 새로운 발전을 가져온 경우가 많았습니다. 이미 투자 업계에서는 엔비디아의 버블을 이야기하면서 인공지능 회의론이 다시 고개를 들고 있지만, 인공지능은 기존과는 새로운 방식으로 인류의 삶에 변화를 불러올 것입니다.

인공지능이 만들어 낼 중장기 방향성

● **퍼베이시브 인공지능(Pervasive AI)**

큰 방향에 대해서 먼저 이야기하는 것이 좋겠습니다. 큰 방향은 한 마디로 표현하자면, '퍼베이시브 인공지능(Pervasive AI)'입니다. 흔히 '도처에 존재하는 인공지능'이라고 번역합니다. 이런 개념은 빌 게이츠를 비롯한 많은 사람이 이미 얘기했습니다. 저도 이 방향에 대해서는 동의합니다. 다만, 어디에 어떤 방식으로 채용될지가 달라질 것이고, 분야별로 확산 속도가 달라지겠으나, 일단 궁극적으로 이렇게 될 것 같다고 이해하시면 됩니다.

이와 유사한 개념들이 10여 년 전에도 있었습니다. 사물인터넷 (Internet of Things)이라는 개념입니다. 인터넷이 컴퓨터와 사람을 연결하는 것뿐만 아니라 사물들도 인터넷과 연결되어 새로운 가치를 창출할 것이라는 개념이었습니다. 사물인터넷과 관련해서는 실체가 있는 것이냐는 의견부터 효용이 있는 것이냐는 등 여러 도전적인 질문들이 있었습니다. 그러나, 일반 사람들은 쉽게 체험할 수 있는 것들이 부족해서 그렇지 공장이나 오지 등의 여러 기계나 장비에 붙어서 꾸준하게 확장해 왔습니다. 이렇게 사물인터넷에서 발생하는 정보들도 인공지능과 결합할 수 있는 데이터 후보입니다. 어디든 들어가는 인공지능의 대상이 되는 것이지요.

현재 상황에서 일반인들의 인식은 인공지능은 챗GPT와 거의 동의어인 상황입니다. 하지만 챗GPT는 대규모 언어 모델이라는 것으로 학습한 하나의 인공지능 응용 프로그램입니다. 인공지능을 신경망과 학습 데이터를 통해 만들어 낸 결과물로 보았을 때, 인공지능의 활용 범위는 훨씬 폭넓게 확산되어 갈 것입니다. 일반 B2C 고객을 대상으로는 이미 챗GPT나 미드저니, 달리(dale-e) 등과 같은 서비스의 형태일 것이고, B2B로는 각 기업에서 필요로 하는 기능들이 다양한 형태의 인공지능으로 개발되어 우리의 일상 속으로 스며들 것입니다. 지금도 많은 고객 센터들이 고객의 간단한 질문에 대해서는 챗봇이라는 형태로 답변을 해 주는 식으로 시장에 스며들고 있고, 복잡한 데이터를 처리해야 하는 유전자 분석 분야에서는 구글의 알파폴드와 같은 인공지능이 이미 결과를 내고 있으며, 스마트폰, 공장 설비, 자동차, 로봇 등 다양한 하드웨어와 결합되어 들어올 준비를 하고 있는 상황입니다. 이러한 방향성에 대해서는 누구도 의심하지 않는 것이 현실입니다. 그리고, 이러한 변화는 최소 10년 이상의 트렌드라고 받아들여지고 있으며, 점점 구체화되면서 많은 사람들의 새로운 상상력을 자극하면서 또 다른 새로운 사업 기회들이 나타나는 선순환 작용이 한동안 이어질 것입니다. 과거 1990년대 웹 혁명과 2000년대 모바일 혁명은 기존의 거의 모든 질서를 뒤집고 새롭게 재편하면서 우리의 일상을 변화시키고 새로운 기회들이 많이 나왔었습니다. 이러한 일들이 향후 10년간 또다시 벌어질 것이며, 그 근간에는 인공지능이 어디든 들어갈 것이라는 예측이 전제되어 있습니다.

인공지능 기술의 관점으로 좀 더 세부적으로 본다면, 챗GPT와 같은 응용 프로그램을 가져다가 사람이나 기업이 필요한 기능을 구현하려는 움직임도 있을 것이고, 오픈 소스로 개방되어 있는 신경망 기술을 가져다가 개별적으로 보유한 데이터를 활용하여 학습시켜서 인공지능을 자체적으로 개발하는 움직임도 있을 수 있습니다. 현재는 전자와 같은 방식이 많이 늘어나고 있습니다. 국내의 여러 기업들도 이미 챗봇이나 고객 센터와 같은 부서에 도입한 상황입니다. 그러나, 데이터의 보안이 중요한 업무의 경우, 후자의 방식으로 발전할 가능성이 높습니다. 이 경우에는 여러 새로운 기회들이 나올 것입니다. 굉장히 다양한 형태로 인공지능 기술은 우리의 일상으로 스며들 것임은 의심할 여지가 없습니다.

- **가속되는 발전 속도**

2024년 초, 오픈AI CEO인 샘 올트먼이 잠시 축출되었다가 다시 복귀한 사건이 있었습니다. 인공지능에 대한 위험성을 인지한 개발자들이 그 창업 정신에 맞추어 개발 속도를 조절해야 하며, 이 정신을 어긴 CEO를 퇴출시켜야 한다는 사태가 벌어진 것입니다. 그러나 이 사태는 며칠 만에 마무리가 되고 샘 올트먼은 다시 복귀했습니다. 그는 적어도 멈추고 싶은 생각이 없어 보입니다. 지금도 막 달리고 있죠. 이에 대한 거부 반응으로 주요한 사람들이 오픈AI에서 퇴사했습니다.

지금도 인공지능 윤리와 관련된 이야기들이 나오고, 터미네이터의 스카이넷, 아이로봇의 비키 등 인공지능이 인간을 제약하고 말살하려는 위험성을 다루는 영화들은 예전부터 있었고, 지금도 계속 개봉되고 있습니다. 그리고 지금도 인공지능이 인간의 통제를 벗어나지 않도록 해야 한다는 의견과 이러한 위험한 상황이 나타나지 않기 위해서 규제해야 한다는 목소리가 힘을 얻고 있습니다. 저는 이 의견에 반대하지 않습니다. 하지만 현실적이라고 생각되지는 않습니다.

일단 샘 올트먼 축출 사건이 벌어졌을 때의 주변 반응을 보아야 합니다. 마이크로소프트에서 바로 샘 올트먼과 그 관련 인력들을 모두 채용하겠다고 바로 발표했습니다. 인공지능 분야에서 앞서가는 기회를 호시탐탐 노리는 기업들이 수두룩하다는 것입니다. 오픈AI의 초기 파운더 중 한 명이었던 일론 머스크도 오픈AI에서 손을 뗐다가 다시 자신만의 인공지능 회사를 만들겠다고 하고 있습니다.

저는 1부에서 인공지능을 미래에 '부를 창출하는 새로운 생산 수단'이라고 얘기했습니다. 이런 관점에서 보면 경쟁 논리가 윤리 논리를 압도하게 됩니다. 우리나라에서 아무리 학교 교육의 다변화와 다양성, 학생 인권을 이야기해도 대학 입시라는 경쟁 논리에 묻혀 버리고 마는 것과 같은 이치입니다. 역사상 이런 유사한 사례가 바로 핵무기 확산 금지 조약입니다. 그런데 핵무기를 줄여야 한다는 데 합의하게 된 시점은 전 세계 메이저 국가들이 핵무기를 다 보유하고 난 다음에 벌어진 일입니다. 이렇듯이 인공지능 개발 속도를 조절해야 하지 않냐는 말은 현실적으로 공허한 메아리에 그칠 겁니다. 후발국이나 후발 회사가 시간을 벌기 위해 사용할 논리로 활용될 가능성이 높습니다.

• 슈퍼 인텔리전스? 슈퍼 휴먼!

인공지능 분야에서 일하는 사람들은 어느 한 가지 작업이 아닌 여러 가지 작업을 잘하는 AGI(Artificial General Intelligence)에 관해 이야기합니다. 그리고 최근에 손정의 소프트뱅크 회장님은 ASI(Artificial Super Intelligence)를 이야기했습니다. 인공지능이 인간을 뛰어넘는 시대가 온다고 예측한 것입니다. 신경망을 통해서 구현한 파라미터의 개수가 인간의 시냅스를 넘어간다는 측면에서 그렇게 이야기하는 것으로 보입니다. 그런 시대가 올 수도 있습니다. 하지만 과연 인간을 뛰어넘는다는 게 무엇일까요? 그리고 인터넷에서 웹 크롤링한 데이터로 학습해서 디지털화된 모든 정보에 대해서 답해 주는 인공지능이 과연 인간을 어떤 면에서 뛰어넘는 것일까요? 〈응답하라 1988〉이라는 드라마를 보면 바둑 천재인 '최택'이라는 캐릭터가 나옵니다. 바둑 천재이고, 최연소 우승을 몇 번을 한 것으로 나옵니다. 하지만 친구들은 그 친구에 대해서 한마디로 정리합니다. '도대체, 사람들이 너한테 바둑을 왜 지는 거냐?' 일상생활에서 바보처럼 보이는 모습에서 그렇게 이야기를 한 것입니다. 막연한 미지의 세계는 인간들에게 두려움을 줍니다. 특히나 대부분의 인공지능 드라마나 영화가 인간보다 뛰어난 지능을 가진 인공지능이 나타나서 인류를 말살하는 스토리에 지배되고 있기 때문입니다. 몇 년 전 정부 회의를 가 봐도, 인공지능의 위험성에 대해 대비하기 위한 토론 방송을 봐도, 그냥 현실과 상상 사이의 괴리에서 아무런 답을 내지 못하는 것이 현실입니다. 이런 접근은 인공지능 시대를 살아가야 하는 우리에게 아무런 의미를 제공하지 못합니다.

시장 경제적인 관점에서 보았을 때, 인공지능을 만드는 사람들이 수익을 내기 위해서는 만들어 낸 인공지능이 인간에게 효용을 주어야 합니다. 그래야 사람들이 비용을 지불하고, 이렇게 창출한 수익으로 다시 재투자를 진행해서 더욱 인공지능을 발전시키거나 새로운 인공지능을 만들게 될 것입니다. 이렇게 만들기 위해서는 인공지능을 인간이 필수적으로 활용할 수 있는 인프라로 제공하는 것이 가장 현실적인 방법입니다. 마치 사람들이 클라우드 서비스를 이용하는 것처럼 말입니다. 지금 현실을 보면 정보를 검색하거나 정리하는 부분에서는 챗GPT는 이미 이러한 인프라로 서서히 넘어가고 있는 것으로 보입니다.

이러한 발전을 추정한다면, 오히려 슈퍼 지능(Super Intelligence)의 등장보다 현실적인 예측은 한 사람이 인공지능을 잘 활용하여 1인당 생산성이 극대화되는 '슈퍼 휴먼'의 시대가 올 가능성이 더 높다는 것입니다. 최근 정보에 따르면, 미국에서 개발되고 있는 차세대 전투기는 1명의 파일럿이 여러 대의 인공지능 무인 전투기를 한꺼번에 조정하고 다니면서 공중전을 수행할 수 있도록 개발되고 있다고 합니다. 현재도 소프트웨어 프로그램 개발 현장에서는 인공지능을 활용하여 여러 명이 해야 하는 작업을 한두 명이 작업하고 있는 상황입니다.

여기서 인공지능을 잘 활용한다는 것은 무슨 의미일까요? 챗GPT와 같은 기성 상품을 이용하는 것만을 말하지 않습니다. 챗GPT, 제미나이(Gemini)와 같은 툴(Tool)을 사용하여 신경망을 설계하고, 본인이 필요로 하는 데이터를 축적하여 직접 학습시켜서 인공지능을 만들 줄 아는 것까지를 포함한 폭넓은 개념입니다. 그렇다면 어떠한 사람들이 이러한 슈퍼 휴먼이 될 가능성이 높을까요? 창의력을 갖고 어떤 현상을 다른 관점으로 볼 줄 알아서 새로운 가치를 창출해 내면서, 논리력을 무장하여 인공지능의 답변을 감시하고 제대로 된 결과를 낸 것인지 판단할 수 있는 역량을 갖춘 사람이 될 것입니다. 너무 어렵게 느껴질 수도 있습니다만, 제 개인적으로는 10년 이내에 이러한 역량을 갖춘 세대가 탄생할 것이라고 생각합니다. 어리고 젊은 친구들이 스마트폰 사용법을 배워 나가는 것을 보면, 이러한 예측이 말도 안 된다고 치부할 수는 없을 것입니다.

• **직업들이 없어진다고?**

슈퍼 휴먼의 등장은 한 사람이 처리할 수 있는 일이 많아지면서, 기존에 여러 사람을 채용해서 해야만 했던 일자리가 줄어들 수 있다는 것을 의미합니다. 그런데 많은 미디어에서 인공지능으로 없어질 직업 리스트를 발표하고, 유튜브 섬네일에도 자극적인 제목들이 나옵니다. 회계사, 변호사 등 인간의 정신노동, 특히 화이트칼라의 직업들이 많이들 없어질 거라 주장을 합니다. 실제로 구글과 같은 미국의 빅테크 업체들에서는 개발자들이 많이 해고당했다는 기사도 나왔습니다. 일부 일자리들이 줄어들고 있는 것은 사실입니다. 하지만 직업 자체가 없어질 것이라는 주장은 현실성이 떨어집니다.

직업은 어떤 특정한 역할을 하면서 돈을 버는 것을 말하는데, 돈을 번다는 것은 책임을 진다는 의미를 내포하고 있습니다. 그런데 앞에서 귀납적 인공지능은 그 자체로 불확실성을 내포하고 있다고 했습니다. 이렇기 때문에 최종 책임은 사람이 지는 구조로 갈 수밖에 없습니다. 대신 어떤 직업군 내에서 패턴화된 업무는 많이 인공지능에 대체될 것입니다. 최근에 많이 해고당한 미국 개발자들도 주니어 개발자들이라고 합니다. 예전에는 시니어 개발자가 전체 시스템 설계를 하고, 이를 부분으로 나누어 주니어 개발자들에게 맡겨서 전체를 통합하는 방식으로 일을 했는데, 이제는 이렇게 부가 가치가 비교적 낮거나 단순한 업무들은 인공지능이 많은 부분 대체를 할 수 있게 됩니다. 하지만 전체적으로 최종 결과를 테스트하고, 그 결과물에 대해서 책임져야 하는 고급 개발자들은 여전히 필요합니다. 법률 분야도 마찬가지입니다. 사례 조사를 하고 리서치를 하던 주니어들은 그 업무량을 인공지능을 활용하여 많이 줄일 수 있습니다. 이는 여러 사람을 채용하던 것을 한두 사람으로 줄일 수 있게 되었다는 것을 말합니다.

즉, 일자리 숫자는 줄어들 겁니다. 하지만 직업이 없어지지는 않습니다. 특히나 변호사, 회계사, 의사와 같이 국가에서 자격증을 받아서 수행할 수 있는 직업은 특히나 없어지기 어렵습니다. 어떤 직업이 없어지기보다는 그 직업 내의 일자리 수가 줄어드는 것입니다. 이건 피할 수 없는 현실이고, 미래 세대는 대비를 해야 합니다.

그렇다면 어떻게 대비를 할 수 있을까요? 가장 우선적인 것은 패턴화된 일을 하는 것을 피하는 것입니다. 일반적으로 패턴화된 일을 편하게 하는, 소위 말하는 꿀보직은 장기적으로 거의 없어질 가능성이 높습니다. 어떠한 직업을 택하거나 일자리를 찾을 때는 쉽다고 생각되는 일은 피하는 것이 좋습니다. 여기서 조금 더 나아간다면 여러 복잡한 상황에서 판단력을 키우는 훈련을 하는 것이 좋습니다. 인공지능이 미래를 알려 주지는 않습니다. 미래는 인간의 판단과 선택 그리고 실행으로 만들어집니다. 인공지능은 과거의 데이터로부터 학습하여 패턴을 찾아내는 것이고, 그로부터 결과를 인간에게 빠르고 편리하게 알려 줄 것입니다. 이렇게 인공지능을 활용하여 정보를 모으고, 이로부터 인사이트를 뽑아내고 실행하여 새로운 가치를 만들어 내는 훈련을 지속해서 해야 합니다.

- **인공지능 디스토피아?**

인공지능에 의한 디스토피아 세상에 대한 예측은 여러 종류가 있습니다. 대표적인 것 중 하나가 인공지능에 의해 인간이 지배받거나 멸종 위기에 놓인다는 것입니다. 이런 예측은 주로 영화적 상상력에 의해 나타납니다. 〈터미네이터〉, 〈매트릭스〉 등처럼 아예 인공지능과 인류의 전쟁을 다룬 영화도 있고, 〈엑스 마키나〉처럼 인공지능 휴머노이드에 의해 인간이 이용당하거나 살해당하는 수준의 갈등을 그린 영화도 있습니다. 아니면 메타버스와 결합하여 사람들의 물리적 세상은 암울한 세상에 남아 있고, 멋진 가상 세계에서 주로 활동하는 모습을 그리는 〈써로게이트〉 부류의 영화도 있습니다. 대부분 긍정적인 시각보다는 부정적인 내용들이 많습니다.

그러나 좀 더 현실적으로 들어가 보면, 인공지능 디스토피아에 관한 질문은 '**인공지능의 발전은 어떠한 사회적 구조의 변화를 야기하게 될 것인가?**'에 대한 질문과 같습니다. 그 근간에는 인간은 인공지능에 일자리를 뺏기고, 수입이 없어지면서 암울한 현실을 살아가야만 하는 모습에 대한 공포가 근간에 깔려 있습니다. 물론 이렇게 될 가능성도 분명히 있습니다. 그래서 인간의 일자리를 대체하는 로봇에 대한 로봇세를 많이 거두어서 복지 정책으로 인간이 살아갈 수 있도록 해야 한다는 주장도 나옵니다.

제 개인적인 사회 구조의 변화와 인간의 대처가 펼쳐질 모양새는 마르크스의 『자본론』과 유발 하라리의 『사피엔스』에서 힌트를 얻을 수 있다고 생각합니다. 『사피엔스』를 보면 인간은 두 종류로 분화될 것으로 예측합니다. 호모 사피엔스(현 인류)와 호모 데우스(신인류). 이렇게 분화될 가능성은 큰 편입니다. 앞에서 '슈퍼 휴먼'이라고 불리는 사람들이 '호모 데우스'와 개념상 유사합니다. 이런 계급의 분화를 예측했던 책이 또 하나 있는데, 바로 『자본론』입니다. 『자본론』에서는 생산 수단을 가진 부르주아와 그렇지 않은 프롤레타리아로 분화될 것으로 예측하죠. 부르주아가 생산 수단을 가지고 있으므로 그 자산을 통해 점점 부를 축적하고, 프롤레타리아와의 빈부 격차가 커지면 프롤레타리아 혁명이 일어나 공산주의 사회가 올 거라고 예측했어요. 이걸 적용하면 호모 데우스에 대한 호모 사피엔스의 혁명이 일어날 수도 있을 것 같습니다. 근데 그게 쉽지 않을 겁니다. 『자본론』이 사회에 작용한 결과는 공산주의의 탄생이 아니라 수정 자본주의의 탄생으로 가게 되었으니까요. 그 책이 자본주의에 경고와 피드백을 주면서 "아, 복지 제도가 필요하고 사회 안전망을 갖춰야 하겠다."라고 깨닫게 하는 역할을 했습니다. 저는 유발 하라리가 쓴 『사피엔스』와 『호모 데우스』가 그 역할을 어느 정도 하고 있다고 생각합니다.

또 한 가지는 3부에서 좀 더 자세히 다루겠지만, 산업별로 인공지능 시장 적용 및 확산 속도가 달라 격차가 벌어질 수 있어요. 특히 하드웨어와 결합하는 부분은 이 속도가 특히 더 느릴 거예요. 왜냐하면 디지털 경제와 달리 물리적인 것과 결합하면 이게 우리 생각의 속도만큼 시장에서의 변화가 빠르지 않기 때문입니다. 물리적으로는 워낙 변수가 많아서 그렇습니다. 그래서 확산 속도가 달라지면 인류에게 그나마 리드 타임이 생기게 됩니다. 즉, 인공지능이 빨리 확산하는 분야에서 교훈을 얻게 되면, 이를 제도에 반영하여 부작용을 줄일 수 있을 것입니다.

마지막으로, 만약 정말 디스토피아가 펼쳐진다면 그건 인공지능으로 인한 디스토피아보다는 인공지능을 활용하는 인간에 의한 디스토피아가 펼쳐지게 될 가능성이 높다고 생각합니다. 인공지능은 시장 경제의 관점에서 보면 '도구'일 뿐입니다.

인공지능이 가져올 사업적 환경 변화

• 없어질 언어 장벽, 남아 있을 문화 장벽

『렉서스와 올리브나무』라는 책에 따르면, 세계는 냉전 시대가 해체된 이후로 '세계화'라는 새로운 체제 아래에 발전해 왔다고 말하고 있습니다. 그리고 이 세계화를 가능하게 해 준 핵심적인 요소 중 하나가 바로 인터넷이라고 말하고 있습니다. 물리적인 상품은 물류에 의해 하나의 체계를 만들어 냈고, 정보는 인터넷에 의해 흘러 다니며 전 세계를 통합하는 데 활용이 되어 왔다는 것입니다. 이러한 변화는 기업들이 고려해야 할 환경에도 큰 변화를 만들어 내었습니다. 세계화(Globalization)라는 단어는 1990년대 이후 거의 모든 기업들이 고려해야 할 상수였습니다. 즉, 기업의 상품이나 서비스의 대상 고객은 한 국가나 지역이 아닌 전 세계인이 대상이었습니다. 이러한 글로벌 기업으로 발돋움한 기업들은 시가 총액 상위로 올라가며 승승장구하였고, 그렇지 못한 기업들은 성장 측면에서 한계에 부딪힐 수밖에 없었습니다. 삼성전자, LG전자 등의 기업들은 가전제품과 반도체, 핸드폰 등을 세계로 수출하면서 급격히 성장하였고, 최근에는 불닭볶음면과 같은 K-푸드 바람을 타고 기업이 성장하고 있습니다.

하지만 이러한 세계화 시대에도 남아 있는 장벽 중 하나가 바로 언어였습니다. 이 언어는 외부로 나가는 장벽이기도 하면서 내수를 지키는 장벽이기도 한, 이중적인 성격을 가지고 있습니다. 그런데 최근, 인공지능의 성능 발전으로 인해서 번역의 품질이 매우 좋아졌습니다. 최근에 발표된 갤럭시 AI 기능에서는 여행자들에게 번역 기능을 제공하기도 하고, 기존의 번역 앱들은 그 성능이 매우 좋아져서 사람들이 체감하기에 별문제 없다고 느끼는 수준으로 올라왔습니다. 일반 사용자에게는 편리한 기능 중 하나겠지만, 기업 환경 측면에서는 이것이 의미하는 바는 무엇일까요? 그건 바로 언어적 장벽을 활용하여 특정 지역만을 대상으로 사업을 추진하기 어려워진다는 것을 의미합니다. 한국어 기능이 잘 탑재된 미국 서비스나 중국 서비스가 한국에 들어와서 사업을 추진하기 쉬워진다는 말입니다. 이는 경쟁 환경의 변화를 의미하고 국내 업체끼리의 경쟁을 넘어서는 새로운 경쟁 강도를 의미합니다. 그러나 이를 반대로 얘기하면 국내 업체들이 글로벌 경쟁으로 나가기 좋은 환경이 되었다고 볼 수도 있습니다. 아마 대부분의 사람들은 이 말을 들었을 때의 첫 번째 반응이 코웃음일 것입니다. 국내에서 1등을 못 하는데, 글로벌로 나간다는 것에 대한 반감도 있을 것입니다. 물론 당장 쉬운 일이라고 말하지는 않겠습니다. 하지만 생각해 보십시오. 20년 전에 한국 아이돌 가수들이 빌보드 1위를 할 것이라 생각이나 했겠습니까? 한국 영화가 아카데미 상을 받고, K-푸드가 전 세계에 퍼져 나가 있습니다. 적어도 MZ 세대들은 인공지능과 함께하는 삶에 익숙해져야 하고, 특히 IT 분야에서 사업을 생각한다면 글로벌 규모의 사업을 구상해야 합니다.

더구나 한국은 낮아지는 언어 장벽에 대해서 상대적으로 유리한 위치에 있습니다. 그 이유는 언어가 해결되어도 여전히 문화라는 장벽은 존재하기 때문일 것입니다. 문화는 종교, 정치 체제, 가치관 등 여러 가지에 영향을 받는데, 이건 쉽게 변하지 않습니다. 그런데 최근 K-pop, K-드라마, K-푸드 등 다양한 K 시리즈들이 등장하면서 우리의 문화가 세계로 퍼져 나가고 있습니다. 이는 우리가 인공지능 시대에 활용해야 할 경쟁력입니다. 즉, 적어도 인공지능을 활용한 서비스 시장은 적은 비용으로 글로벌로 확장할 수 있는 기회로 보고 접근하는 것이 좋습니다.

- **반도체? 데이터!**

2022년부터 2024년 현재까지 인공지능 분야에서 가장 큰 투자 기회를 준 것은 바로 반도체였습니다. 시장의 여러 책뿐만 아니라 여러 유튜브 채널에서도 엔비디아, SK 하이닉스의 HBM 반도체 등에 대해서 이야기하고 있습니다. 특히 한국은 삼성전자와 SK 하이닉스와 같은 시가 총액 1-2위의 업체가 반도체 업체이다 보니, 더욱 인공지능 반도체에 관한 이야기를 많이들 다루고 있습니다. 그리고 인공지능이 만들어지기 위해서 필요한 필수 재료 2가지가 신경망과 데이터인데,

저 신경망을 구성하는 데 필요한 기본 요소가 인공지능 반도체이다 보니 당연한 상황입니다. 많은 이들이 웹 혁명 시기에 인터넷 통신이 가능하게 만들어 주었던 라우터 제조사인 시스코(Cisco systems)라는 회사와 비교를 많이 합니다. 인공지능 신경망에서 벌어지는 연산이 어마어마하게 큰 행렬(matrix) 연산이다 보니 이 행렬 연산에 특화된 칩을 만들던 엔비디아는 거의 독점적 지위를 갖고 시장을 호령하는 상황입니다. 그리고 이러한 경쟁력은 쿠다(CUDA)라는 개발 환경과 묶여서 대체 불가능한 경쟁력을 확보하고 있습니다. 마치 PC 시절에 윈도우즈와 윈도우즈 개발 환경의 조합이 대체 불가능한 경쟁력을 확보하던 것과 유사한 형태입니다.

그러나 시간이 점차 지나게 되면 이제는 데이터가 더 중요한 시기가 오게 될 것입니다. 지금은 인공지능 시대의 유아기에 해당하니 뇌세포에 해당하는 신경망이 더 중요하지만, 아이가 어느 정도 성장해서 뇌세포가 거의 다 자라고 나면 이제 학교에서 배우는 교과서나 경험이 더 중요한 시기가 오게 됩니다. 현재는 인공지능이 이미 웹에 공개되어 있는 데이터를 학습하여 대규모 언어모델(LLM, Large Language Model)을 만들어서 데이터를 좀 더 인간 친화적으로 답변을 제공하는 챗GPT와 같은 서비스를 만들어 낸 상황입니다. 하지만 앞으로 인공지능이 좀 더 많은 산업 분야, 많은 응용 영역으로 들어가게 된다면 그 분야에 전문 지식을 학습해야 그 분야에 특화된 인공지능이 만들어질 수 있습니다. 물론 인공지능 반도체에 대한 수요는 앞으로도 지속될 것입니다. 그러나 인공지능의 성능 개선 측면에서 보았을 때, 앞으로 점점 데이터의 중요성이 더욱 커지게 될 것은 너무도 분명합니다.

여기에 인공지능과 경쟁하는 인간의 파워 게임도 추가로 고려해야 합니다. 인공지능이 더 양질의 데이터를 학습해서 똑똑해진다면, 노동자로서의 인간이 설 자리도 좁아지게 됩니다. 지금도 인터넷에 본인의 핵심 노하우는 공개하지 않습니다. 기업도 마찬가지입니다. 기업 경쟁력에 핵심인 기술 자료 등은 인터넷에 공개하지 않습니다. 오히려 보안을 강화해서 절대 노출되지 않도록 합니다. 중요한 데이터일수록 노출되지 않습니다. 인공지능의 성능이 반도체와 학습 데이터에 있는데, 인간이 가진 무기는 저 학습에 사용될 수 있는 원천 데이터입니다. 지금이야 인터넷에 공개되어 있는 문서나 영상, 사진을 학습하여 인공지능을 만들어서 검색을 편하게 해서 예쁘게 정리된 형태로 인공지능이 제공하고 있습니다만, 앞으로는 데이터를 지키려는 인간·기업과 인공지능을 개선하려는 회사들의 분쟁이 더욱 심화될 것입니다.

• **미국이 만드는 진입 장벽**

지금 당장 규제 환경의 변화를 예측하기는 쉽지 않습니다. 인공지능 안전(AI Security) 문제가 서서히 부각되면서 이의 해결을 위한 인공지능에 대한 규제가 점차 모습을 드러낼 가능성이 높습니다. 보편적인 안전을 부각하면서 규제가 만들어지면 현실적으로 사람들이 쉽게 받아들일 가능성이 높습니다. 그러나 규제는 항상 이면을 고려해야 합니다. 현재 미국에서 추진되고 있는 IRA 법은 인플레이션을 방지하기 위한 법안으로 만들어졌지만, 그 실제적인 내용은 중국을 견제하고 동맹들과의 유대를 강화하면서 미국의 경쟁력을 강화하기 위한 방향으로 구체화되고 있습니다. 즉, 인공지능 규제는 안전을 앞세우지만, 그 배경에는 미국의 경쟁력을 강화하는 방향으로 갈 가능성도 높다고 생각됩니다. 문제는 미국에서 나오는 규제가 글로벌 표준으로 작동할 가능성이 높다는 것입니다.

정확한 규제의 내용을 지금은 예측하기 어렵지만, 과거 사례 중에 그 방향성을 추측해 볼 수 있는 사례가 있습니다. 그건 바로 '망 중립성 규제'입니다. 망 중립성 규제란 모든 인터넷망에서 전달되는 트래픽을 동등하게 취급하는 원칙으로, 통신사들이 특정 콘텐츠나 서비스에 대해 차별적인 요금을 부과하는 것을 금지하는 것입니다. 특히 미국에서 나온 망 중립성 규제 중 '가격에 따른 통신 우선순위 설정 (Pay for Priority)' 금지 규정이 있었습니다. 이는 여러 통신 트래픽이 몰릴 경우에 가격 차별을 통해서 우선순위를 매기는 것을 금지하는 규정입니다. 디즈니랜드 같은 외국 놀이공원에 가 보면, 더 비싼 요금을 내면 줄을 서지 않고 빨리 놀이기구를 탈 수 있는 별도의 라인이 있습니다. 돈을 더 낸 사람을 먼저 보내 주는 것처럼 돈을 더 내는 패킷을 우선 보내 주는 행위를 할 수도 있을 텐데, 통신사들의 이러한 행위를 금지하는 것입니다. 사실 이러한 가치 판단은 대외적으로는 명확한 명분이 존재합니다. 통신은 모든 사람들이 공평하게 활용해야 할 공공재적인 성격이 강하기 때문에 가격 차별에 따른 우선순위 설정에 반대한다는 명분이 존재합니다. 즉, 통신 인프라의 공공성을 강조한 것이죠. 또한, 자금력을 가진 기업들이 트래픽을 독과점하여 신생 스타트업의 성장 기회를 원천 차단하는 부작용을 막는다는 명분도 존재합니다. 그런데 유럽 쪽에서는 이에 대한 명확한 반대 규제는 없었습니다. 통신사가 필요에 따라 트래픽을 자체적으로 분류해서 우선순위를 매길 수 있게 하는 권한을 일부 부여했습니다. (그렇다고 돈으로 트래픽을 차별하는 사업자는 없습니다.) 오히려 유럽이 극구 반대하고 미국은 탄력적으로 허용할 것 같은데, 그 반대의 상황이 벌어졌습니다. 그렇다면 왜 자본주의가 가장 발달한 미국에서 '가격에 따른 통신 우선순위 설정(Pay for Priority)'를 금지했을까요? 미국에서 제시한 평등성의 명분을 달성하면서도 통신 사업자들이 추가 수익을 올릴 수 있는 방법도 만들 수 있는데 말입니다. 예를 들자면, 버스 전용 차선처럼 돈을 내는 사업자들의 트래픽을 별도의 라인을 구축하여 다른 형태의 과금을 할 수도 있을 것인데 말입니다. 즉, 공공용 통신망과 VIP용 통신망과 같은 방식으로 구분해서 운영하는 방식도 생각해 볼 수 있을 것인데, 아예 막아 버렸습니다.

이것은 저 차별 금지로 인한 부수적인 효과를 고려해 보면 약간 이해해 볼 수 있습니다. 저 금지는 트래픽에 대한 차별 금지인데, 트래픽을 발생시키는 플랫폼 사업자와 트래픽을 전달하는 통신 사업자 간의 파워 게임의 관점으로 보면 이유가 보입니다. 대부분의 통신사들은 국가별로 메이저 사업자가 존재하는 데 반해, 인터넷 서비스 업체, 특히 플랫폼 업체라고 불리는 사업자들은 미국이 독보적인 위치를 차지하고 있습니다. 구글은 전 세계 검색 시장을 주무르고 있고, 여기에 유튜브도 갖고 있습니다. 페이스북, 인스타그램, 넷플릭스 등도 마찬 가지로 미국 기업입니다. 저 트래픽 차별 금지로 인해 통신사들은 데 이터 사용량 증가에 따른 추가 수익을 창출하는 것이 어려워졌습니다. 예를 들어, 고화질 동영상 스트리밍 서비스에 대해 더 높은 요금 을 부과하거나 속도를 조절하는 등의 수익 창출 전략이 규제에 막혀 실행할 수 없었죠. 트래픽의 증가를 유발하는 회사는 플랫폼 회사들 인데, 그 증가하는 트래픽의 전달을 담당하는 통신사들은 추가 투자 를 해야만 하는 상황이 된 것입니다. 즉, 플랫폼 사업으로 인해 발생 하는 수익은 미국 업체들이 가져가고, 통신 비용 부담은 각 국가들의 통신사들이 나눠지게 되는 구조가 만들어진 것입니다. 즉, 망 중립성 을 통신업계와 인터넷 서비스업계의 이해관계 충돌의 시각으로 본다 면 이 현상에 대해 한 가지 그럴듯한 해석이 가능해진다는 것입니다. 만약 통신사들의 투자 비용 부담을 인터넷 서비스 업체들에게 전가한 다면 인터넷 서비스 업체들의 수익률이 떨어지게 되고, 이를 국가 간 산업 경쟁력 측면에서 본다면 미국이 불리해지게 된다는 것입니다. 이미 10년 이상 지났고 망 중립성 규제를 뒤집을 수도 없는 상황이지 만, 이를 다시 한번 반추해 보는 이유는 인공지능 시대의 규제가 미칠 수 있는 영향력에 대한 예측 때문입니다. 특히 세계 경제가 다극화 체 제로 분화되고 있는 시점이기에 체제 경쟁 측면에서 규제도 예상과 다 르게 나올 가능성도 고려해야 합니다. 규제는 사업을 키울 수는 없지 만, 제한하거나 심한 경우 죽일 수 있는 특성이 있습니다. 인공지능 경쟁은 이제 시작이고, 앞으로 꽤 오랜 시간 동안 진행될 트렌드입니다. 그렇기에 이에 대한 규제 환경의 변화 면밀히 살펴서 대응해야 사업 기회도 투자 기회도 잘 살릴 수 있을 것입니다.

4장

인공지능의
시장 확산 속도는
어떻게 될까?

인공지능의 시장 확산 속도 결정 변수들

3장에서 인공지능의 거시적인 큰 방향에 관해 이야기했으니, 이제 인공지능의 실질적인 시장 확산에 영향을 미칠 수 있는 요소들을 살펴보도록 하겠습니다. 이러한 요소들에 대해 이해해야 소설이 아닌 실질적인 사업이나 투자까지 연결될 수 있습니다. 장기적 방향에서 퍼베이시브 인공지능(Pervasive AI)에 관해서 이야기했습니다. 그러면 구체적으로 무엇을 고려했을 때 각 시장의 확산 속도를 예측할 수 있을까요? 이를 위해서는 인공지능의 시장 확산에 영향을 미칠 변수들을 도출하고, 이 변수들이 현재 가지고 있는 가진 문제점을 이해해야 합니다. 그리고 이 문제점들이 어떤 식으로 해결될 수 있는지를 알 수 있다면 비로소 실질적인 미래 예측이 가능할 것입니다. 제가 생각하는 핵심 변수는 크게 세 가지입니다. 경제성, 결합 역량, 리스크 관리입니다. 이 세 가지 변수가 가진 문제점들이 해결되는 분야부터 인공지능이 본격적으로 확산될 것입니다. 또한, 해당 문제점을 해결한 인공지능 기업들이 미래를 선도하면서 새로운 유니콘이 될 가능성이 높습니다. 그리고 우리에게는 IT 분야에서 슈퍼리치가 될 수 있는 세 번째 기회를 얻게 될 것입니다.

- **경제성: 시장 확산의 키(Key)**

첫 번째는 경제성입니다. 경제성이라는 것은 결국 기대수익률이 비용보다 높아야 합니다. 아직 경제성 측면에서 기대수익률이 비용보다 낮습니다. 앞에서 잠깐 언급했는데, 현재는 귀납적 인공지능을 만드는 비용이 너무 많이 듭니다. 엔비디아 칩을 줄 서서 사야 하고 대용량의 데이터를 처리해야 하니 데이터센터를 구축해야 하고, 막대한 전기 요금까지 나옵니다. 이러다 보니 지금은 비용이 너무 많이 들어갑니다. 근데 그에 비해서 얻을 수 있는 수익률이 낮습니다. 수익을 내야 하는 기업 입장에서는 참 쉽지 않습니다. 이렇게 초기 투자를 많이 해야 하므로 미국의 빅테크이나 든든한 투자자를 가진 스타트업들만 선투자를 하면서 개발 경쟁을 하고 있는 실정입니다.

- **결합 역량, 제대로 된 인공지능 생성 조건**

두 번째는 결합 역량입니다. 인공지능이 두뇌라고 할 때, 어떤 데이터로 학습시켜서 사용할 것이냐의 문제입니다. 인공지능이 여러 산업에 채용되려면 그 도메인에 관한 전문성(Expertise)과 인공지능에 관한 전문성이 모두 필요합니다. 인공지능만 만들던 사람들은 도메인에 관한 전문성이 떨어지고, 도메인에 관해 잘 아는 사람들은 인공지능 기술에 관한 전문성이 떨어지는 것이 현실입니다. 예를 들어, 제대로 된 변호사 인공지능을 만든다고 하면 훌륭한 변호사와 인공지능 전문가가 유기적으로 협력해서 만들어야 합니다. 인공지능을 개발하는 입장에서는 데이터만 준다면 다 개발할 수 있다고 얘기하지만, 구체적으로 어떤 데이터를 가지고 학습해야 효과적인지 하는 부분은 인공지능 개발자들은 잘 모릅니다. 그리고 무엇보다 그런 데이터를 제공하는 입장에서는 왜 제공해야 하는지가 명확하지 않습니다. 최근에는 챗GPT가 인터넷에서 크롤링(Crawling)[2]을 통해 학습할 수 있는 데이터를 거의 다 학습했다는 소문도 들립니다. 앞으로 새롭게 학습할 데이터는 어디서 구할 수 있을까요? 지금까지는 인터넷에 공개되어 있는 데이터를 무상으로 가져다가 학습했다면, 앞으로는 필요한 목적에 따라 데이터를 확보하여 인공지능 개발을 진행하게 될 것입니다. 그리고 개발된 인공지능이 제대로 만들어졌는지 확인하려면 해당 분야 전문가의 검증을 거쳐야 합니다. 효과적이고도 경제적인 효율성까지 갖춘 인공지능을 만들려면 특정 분야의 전문성과 인공지능 개발의 전문성이 결합되어야 비로소 의미 있는 인공지능이 개발될 수 있을 것입니다.

• 리스크 관리

세 번째는 리스크 관리입니다. 1부에서 설명했듯이 귀납적 인공지능, 생성형 인공지능의 내놓는 결과는 100% 확실한 것이 아니라 확률

2　인터넷이 있는 데이터를 모으는 작업을 의미한다.

로 나옵니다. 인공지능이 내놓는 결과가 90% 확률로 맞는다면 나머지 10%는 어떻게 해야 할까요? 인공지능을 사용하는 주체가 이 리스크를 질 것이냐 말 것이냐, 아니면 인공지능 개발자에게 100% 확실한 인공지능을 만들어 달라고 할 것이냐의 선택의 기로에 있게 됩니다. 일반적으로 회사에서 업무를 하다 되면 이 문제는 항상 만나는 문제입니다. 기획이나 마케팅을 해야 하는 부서에서는 기술 부서에 100% 완전한 상품을 만들어 달라고 요구하고, 기술 부서는 마케팅이나 고객관리 부서에서 해결해 달라고 하며 서로 책임을 덜 지려고 하는 회의 장면은 거의 모든 회사에서 발생합니다. 그런데 귀납적 인공지능은 컴퓨터가 내놓은 결과물임에도 100%가 확실하지 않은 상황이라는 것은 이러한 기업 내부의 문제를 더욱 골치 아프게 만들 것입니다. 게다가 왜 100%가 아닌지 설명도 불가능한 상황입니다. 이런 연유로 금융 분야에서는 블랙박스화되어 있는 귀납적 인공지능을 도입하기를 꺼리는 경향도 있습니다. 즉, 기존과는 다르게 추가로 존재하는 불확실성을 어떻게 처리할 것이냐의 문제가 인공지능의 확산 속도를 결정할 마지막 변수입니다.

위 세 가지 변수가 가진 문제가 한꺼번에 잘 해결되는 분야는 인공지능을 빠르게 적용되어 확산될 것으로 예측됩니다. 그리고 이 세 가지 변수를 잘 통제하고 해당 분야에서 새로운 가치를 만들어 내는 회사는 새로운 유니콘이 될 것입니다. 이제부터는 이 세 가지 변수들이 가진 문제점들에 대한 해결책에 대해 살펴보겠습니다.

경제성 문제 해결 방안

경제성을 확보하는 두 가지 방법은 높은 매출이 기대되는 분야를 파고들거나 비용을 줄이거나입니다. 이런 관점에서 일단 인공지능을 적용할 분야는 고부가가치 사업 분야일 것입니다. 예를 들어, 시간당 높은 임금을 받는 법률 쪽 분야에서 스타트업들이 나오는 건 바로 이 때문입니다. 또한, 금융 분야도 비교적 우선으로 적용될 수 있는 분야일 것입니다. 하지만 현재 당면한 경제성 문제는 아직은 너무 비싼 인공지능을 만드는 비용 문제, 결국 비용 효율성(Cost Efficiency)을 어떻게 만들 것이냐에 대한 문제입니다. 이 문제를 해결할 수 있는 방법에 대해 살펴보겠습니다.

• 반도체 회사들의 가격 경쟁

일단 가장 기본적으로 비싼 하드웨어 비용이 내려가야 합니다. 현재 GPU 기반의 AI 프로세서는 엔비디아가 거의 독점하고 있고 쿠다(CUDA) 생태계까지 갖추고 있어서 그 독점력이 상당히 오래갈 것으로 예상하는 상황입니다. 이 독점력은 60%대에 달하는 엔비디아의 영업이익률이 말해 주고 있습니다. 그리고 이는 주가로 여실히 증명되고 있는데, 엔비디아는 시가 총액이 지속적으로 증가하여 2024년 6월 18일(현지 시각) 기준 미국 시장에서 1위에 오르기도 했습니다.

인공지능 가치 사슬(Value-Chain)에서 어느 한 업체가 이렇게 독점적으로 영업이익률을 가져가게 되면 그 생태계의 확장에 문제가 발생할 수밖에 없습니다. 이 문제를 해결하기 위해 구글, 메타, 아마존 등 미국의 빅테크들은 자체 인공지능 전용 칩을 만들고 있습니다. 여기에 오픈AI의 CEO 샘 올트먼은 7조의 펀드를 만들어서 자체 칩을 만들겠다고 발표하기도 했습니다. 그리고, 여러 스타트업이 인공지능 반도체에 도전하고 있습니다. 엔비디아 반도체의 수요처는 미국의 빅테크 업체들인데, 그들이 저런 식으로 엔비디아에 대한 의존성을 줄이기 위해 노력한다면 중장기적으로는 가격이 떨어질 수밖에 없습니다. 그렇다고 엔비디아의 경쟁력이 떨어진다는 얘기는 아닙니다. 다만, 다른 경쟁 제품의 도입으로 인해 가격이 인하되어야 인공지능 전체 산업 영역에서의 경제성이 좋아질 것이고, 그래야 좀 더 많은 응용들이 나오면서 전체적인 시장 활성화가 이루어질 것이라는 의미입니다.

• **신경망 압축**

비용 절감을 통해 경제성을 높이는 또 다른 방법은 기존과는 다른 컴퓨팅 방식을 활용하는 것입니다. 현재 GPU는 신경망에서 가중치 (weight) 값을 계산하기 위해서 엄청 많은 부동소수점(floating) 연산을 합니다. 그런데 최근 마이크로소프트에서 이 가중치(weight) 값을 양자화해 효율을 높였다는 논문이 발표되었습니다. 긴 부동소수점 (floating) 연산을 정수(integer) 연산으로 대신하면 컴퓨팅 효율이 크게 개선될 것으로 예상합니다. 이러한 기술을 '양자화'라고도 부르는데, 쉽게 생각하면 기존의 복잡한 계산이 필요한 신경망을 압축하는 기술이라고 이해하시면 됩니다. 이러한 기술의 부수 효과는 최근에 문제가 되는 전기 공급과 발열로 인한 냉각 문제도 해결할 수 있게 됩니다. 2024년 상반기에는 엔비디아뿐만 아니라 데이터센터 업체와 전력망 설비 업체 등도 주가가 많이 올랐습니다. 그 이유는 챗GPT와 같은 거대 언어 모델을 돌리기 위해서는 많은 연산이 필요한데, 이를 위해서는 칩 몇 개로는 안 되고, AI 전용 데이터센터의 구축이 필요하기 때문입니다. 그런데 신경망의 매개 변수(parameters)의 수가 1조 개 이상으로 늘어남에 따라 전기 공급이 아주 많이 필요하게 되었습니다. 데이터센터 옆에 발전소가 하나 필요한 수준이라고 얘기가 나올 정도입니다. 만약에 이러한 연산량을 줄일 수 있는 신경망 압축 기술이 도입된다면, 경제성 측면이 많이 개선될 것입니다.

또 한 가지 다른 대안은 아날로그 컴퓨터를 사용하는 겁니다. 중간의 가중치(weight) 값을 계산하지 않고 회로로 연결된 상태에서 가중치(weight)를 저항값으로 자연스럽게 수렴하도록 만드는 방식입니다. 이론적으로 본다면 이 방식은 아날로그 방식으로 실수(Real Number)

레벨로 가중치 값을 다룰 수 있으므로 디지털 신경망보다 더 적은 자원을 소모하면서도 더 정교하게 작동할 수 있습니다. 다만 아날로그 컴퓨터는 아직 생태계가 갖추어 있지 않기 때문에 실제 상용화하려면 시간이 오래 걸릴 것으로 예상합니다.

• 통합형 인공지능(Fusion AI)

기본적으로 귀납적 인공지능은 그 자체적으로 비용이 많이 드는 방식이라고 앞에서 언급했습니다. 그런데 알파고 이후부터는 귀납적 인공지능 전성시대라 거의 모든 문제를 귀납적 인공지능 방식으로 해결하려고 시도하는 시기입니다. 아무래도 기존에 처리하지 못하던 데이터들까지 처리할 수 있으니 당연한 현상이겠지요. 하지만 이러한 접근이 옳은 접근일까요? 2차 방정식을 푸는 문제를 예로 들어 생각해 봅시다. 2차 방정식을 푸는 방법은 생각보다 많습니다. 예를 들어, 수치 해석학적으로 많은 숫자들 입력해 가면서 가장 근사치를 찾아가는 방법도 하나의 방법일 수 있습니다. 하지만 이러한 방식이 과연 효율적일까요? 근의 공식에 계수값을 바로 집어넣으면 쉽게 해결할 수 있지 않을까요? 물론 5차 방정식 이상에서는 근의 공식이 없다는 것이 이미 증명되었으니 여러 숫자를 넣어 보면서 문제를 푸는 접근이 더 효과적일 것입니다. 하지만 이미 좀 더 편하게 문제를 푸는 방법이 있다면, 이걸 채택하는 것이 더 경제적이고 효과적이면서 효율적입니다.

저는 인공지능 개발도 마찬가지라 생각합니다. 즉, 할 수 있다면 연역적 인공지능과 귀납적 인공지능을 동시에 잘 활용하여 통합형 인공지능을 만드는 것이 최선일 것입니다. 이는 앞에서 인식론에 관해 설명할 때 칸트가 대륙의 합리론과 영국의 경험론을 잘 결합하여 독일의 관념론을 만들었다고 했습니다. 이처럼 연역적 인공지능과 귀납적 인공지능을 잘 결합하여 비용 효율적인 인공지능을 만들어야 합니다. 현재 귀납적 인공지능은 비용이 상대적으로 비싸기 때문에 귀납적 인공지능을 사용할 부분과 연역적 인공지능을 사용할 부분을 잘 구분하고, 이 둘이 유기적으로 동작하기 위한 아키텍처(Architecture)를 잘 짜야 합니다. 다만, 어떤 식으로 효율적인 아키텍처(Architecture)를 구성할 것인지는 도메인마다, 개별 응용 사례마다 다를 것이고, 여기서 각 기업의 경쟁 우위 요소가 나올 수 있을 겁니다.

최근에 오픈 AI사에서 서치GPT(Search GPT)를 발표하면서 퍼플렉시티와 같은 AI활용 검색 서비스들이 회자되고 있는 상황입니다. 작년부터 특정 지식이 담긴 문서를 입력받아 참조할 수 있는 RAG(Retrieval Augmented Generation)라는 기술을 활용하여 GPT의 할루시네이션 문제를 줄이는 방식이 발달하고 있고, 여기에 단순히 입력된 문서 참조를 넘어 인터넷 검색 기술과 결합한 AI 검색 서비스도 나오고 있습니다. 이는 검색이라는 연역적 인공지능과 GPT라는 귀납적 인공지능의 결합의 한 형태로 볼 수 있습니다. 통합형 인공지능을 만들어 가는 방식은 연역적 인공지능을 중심으로 귀납적 인공지능을 결합하는 방식과 귀납적 인공지능을 중심으로 연역적 인공지능을 결합하는 두 가지 방식으로 발전할 수 있을 텐데, 서치GPT는 후자의 예시로 볼 수 있습니다. 다만, 경제성 측면에서는 응용 분야에 따라 다르겠으나, 연역적 인공지능을 중심으로 귀납적 인공지능을 활용하는 방식이 경제성 측면에서는 더 개선될 것입니다.

결합 역량 제고 방안

● **산업의 전문성 vs 인공지능 전문성**

결합 역량을 높인다는 것은 인공지능에 관한 지식과 특정 도메인에 관한 지식을 동시에 갖고 이들을 효율적으로 결합하는 것을 의미합니다. 일반적으로 귀납적 인공지능은 양질의 정제된 데이터를 갖고 학습을 할 때 효과적이고, 효율적으로 학습을 수행합니다. 그런데 특정 분야에서 특정 기능을 하는 인공지능을 만든다고 하면 해당 분야에 대한 전문성이 필요합니다. 그 분야 전문가라 하면 오랜 시간 경력이 축적되면서 소위 말하는 '감'이 생긴 사람들입니다. 어떤 상황들이 발생했을 때 어떻게 흘러갈 것이라는 예측의 정확성이 비교적 높은 사람들인 것이죠. 이런 분들은 어떤 데이터가 중요한지 이미 인지하고 있는 분들입니다. 그리고 여러 데이터들 사이에서 어떤 데이터가 더 중요한지, 즉 가중치를 어디에 두어야 할지도 체득되어 있는 분들입니다. 이런 전문가의 지식을 인공지능 학습에 활용할 수 있다면 인공지능을 만드는 비용을 확 줄일 수 있습니다.

현재까지 주로 눈에 보이는 인공지능 서비스들은 챗GPT와 같은 대규모 언어 모델(LLM)과 이미지 생성 서비스들은 인터넷에서 구한 많은 데이터를 처리해서 만들 수 있었습니다. 그리고 그 결과물에 대한 적정성도 일반인들이 직관적으로 파악할 수 있었습니다. 그렇기에 지금까지는 이 결합 역량의 중요성이 크게 부각되지 않았습니다. 하지만 앞으로 데이터가 축적되어 있는 모든 분야에 인공지능이 활용된다고 예측해 볼 때, 해당 특정 분야에 대한 전문 지식과 인공지능 지식의 효과적인 결합이 필요하다는 것은 불을 보듯이 뻔한 상황입니다. 그리고 이 결합 역량을 강화하는 데 필요한 것은 바로 이중 전문성(Dual Expertise)입니다. 이중 전문성을 빠르게 확보하는 분야에서는 인공지능 적용 속도가 빨라질 것입니다.

● 결국 이해관계 충돌 해결

문제는 이중 전문성을 확보하는 것이 생각보다 쉽지 않다는 것입니다. 그 이유는 서로 다른 전문성을 가진 두 집단은 서로 관점이 다르기도 하고, 특히 이해관계가 달라서 효과적으로 협업하기 어렵습니다. 이를 해결하는 방법은 크게 두 가지가 있습니다.

첫 번째는 전문가들이 서로 결합하는 것입니다. 하지만 전문가들의 결합은 생각보다 쉽지 않습니다. 독자분들의 사회 경험에 따라 이해도가 다를 수 있지만, 쉽게 얘기하면 갑과 갑이 만나면 사업이 안 됩니다. 예를 들면, 잘나가는 변호사는 연봉이 높아 아쉬울 게 별로 없습니다. 현재 인공지능 고급 개발자도 연봉이 높습니다. 미국 실리콘 밸리의 최고급 인공지능 개발자는 연봉이 20~30억 원 수준이라고 합니다. 변호사나 의사들도 아쉬울 게 없죠. 그런 두 사람이 만나면 누가 갑인지 싸우느라 해결이 잘 안 됩니다. 변호사 인공지능뿐만 아니라 SK텔레콤의 누구 셀럽 서비스 사례에서처럼 성우 목소리로 인공지능을 만든다고 했을 때도 성우의 생계 문제에 대한 걱정으로 협상이 쉽지 않았습니다. 이렇게 양측의 이해관계가 충돌하게 되면 제대로 된 인공지능을 만들기 어렵습니다. 갑을 관계가 명확한 분야는 이 문제를 비교적 쉽게 해결할 수 있을 겁니다. 또한 강한 조정자가 중간에서 조율할 수 있다면 이 방법이 통할 수도 있을 겁니다. 하지만 근본적으로 인공지능에 의해 자신들이 일자리가 위협을 받는다고 생각하는 도메인 전문가들이 명확한 기대 효과가 없으면, 적극적으로 움직이기 쉽지 않을 것입니다.

두 번째는 한 사람이 두 분야를 연구해서 결합 역량을 갖추는 것입니다. 들어 보니 대학에서 웬만한 문과 전공자들도 컴퓨터공학과 수업을 엄청 많이 듣는다고 합니다. 그런 사람들이 나중에 이중 전문성 (Dual Expertise)을 갖출 수 있을 것입니다. 아니면 변호사가 열심히 인공지능을 공부하거나, 인공지능 전문가가 의학 전문 대학원이나 로스쿨 같은 특정 영역에 가서 공부한 후에 두 분야를 결합해서 해결하는 방법이 있을 겁니다. 사실, 이 방식이 할 수만 있다면 제일 좋을 것으로 예상합니다. 다만 이 경우에도 시장 선점 측면에서 문제가 발생할 수 있는 게 현실입니다.

초기에는 도메인 전문가들이 인공지능에 대해 부정적으로 인식하고 카르텔을 만들어서 저항한다면, 결합 역량이 높아지기 어렵습니다. 특히 장기적으로 학습 데이터의 중요성이 더욱 높아진다는 사실이 알려지게 된다면 도메인 전문가들 입장에서는 더욱 주저하게 될 가능성이 높습니다. 결국 인공지능 기술을 활용해서 자신들이 좋아지는 것이 무엇인지 명확하게 이해되지 않는다면, 움직이지 않을 것입니다. 이러한 저항감은 초기 확산 속도를 늦추는 방식으로 작동할 가능성이 높으나, 결과적으로는 파괴적 혁신(Disruptive Innovation)으로 흘러갈 가능성도 매우 높습니다. 게다가 도메인 전문가들 사이에도 이해관계 충돌, 어차피 인공지능이 대세라면 먼저 가서 기회를 선점해 보자는 생각이 퍼지면서 균열이 발생할 가능성도 배제할 수 없으며, 여기에 인공지능 전문가들도 개발자들의 급속한 공급으로 균형이 무너진다면 양측 집단의 결합이 급속도로 발전할 가능성도 배제할 수는 없습니다.

결국 인공지능이 발전하기 위한 결합 역량 측면에서는 시장 확산의 가속 요소와 감속 요소가 공존하는 상황이므로 쉽게 예측하기는 어렵겠으나, 일단 바람을 타면 급속히 가속화되는 방향으로 갈 것입니다. 따라서, 미래 세대는 복수 전공 등을 통해서 이중 전문성을 조속히 갖추고 시대를 선도하기 위해 노력하는 것이 필수적이라 볼 수 있을 것입니다.

리스크 관리 방안

인공지능의 시장 확산과 연관되어 있는 리스크 관리 문제는 크게 2 가지로 나뉩니다. 첫 번째는 귀납적 인공지능이나 생성형 인공지능에 내재된 확률적 불확실성을 어떻게 감당할 것이냐의 문제이고, 두 번째는 학습 데이터와 관련된 문제입니다.

● 응용 분야별로 다르게 어프로치

인공지능의 확률적 불확실성을 해결하는 방안은 기본적으로 그 인공지능이 적용되고 활용되는 앱(또는 도메인)별로 달라집니다. 요즘 많이 뜨고 있는 영상이나 이미지 분야는 포스터를 만들거나 게임 업체에서 논 플레이어 캐릭터(NPC)를 만들거나 할 때 이미 인공지능을 많이 활용하고 있습니다. 확률적 불확실성을 그냥 감수하면서 사용하는 겁니다. 왜일까요? 조금 이상하게 나와도 사람이 후처리 작업을 해서 고칠 수 있어서 그렇습니다. 그리고 아이디어 초안이 필요할 때도 사용하기 좋습니다. 기업에서 일하다 보면 상사가 "뭐 좋은 아이디어 없어?"라고 묻게 되는 답답한 상황이 많습니다. 오래 같이 일한 팀원들은 생각이 많이들 동조화되어서 특별히 다른 게 잘 나오지 않습니다. 이럴 때 인공지능을 잘 활용하면 좋습니다. 이렇게 사람이 최종 검증을 해서 리스크 관리를 할 수 있는 상황에서는 캐즘(Chasm)을 넘어 빠르게 확산할 가능성이 큽니다.

즉, 그 결과물이 조금 이상하게 나와도 큰 문제가 발생하지 않거나, 전체 업무 프로세스상에서 인공지능을 활용한 후에 사람이 최종 점검을 할 수 있고, 책임을 질 수 있는 분야라면 확률적 불확실성을 그냥 감당하면서 갈 수 있습니다. 현재의 챗GPT나 미드저니와 같은 서비스들이 급속히 확산되는 이유가 바로 이것입니다.

- **보험의 재조명**

그런데 자율주행차 같은 앱은 어떨까요? 질병 진단 인공지능은? 그 결과의 적용이 사소한 실수도 용납할 수 없는 미션 크리티컬(mission critical) 한 분야는 그대로 사용하기가 부담스러울 수 있습니다. 확률적 불확실성을 다루는 상품이 바로 우리 곁에 있습니다. 그건 바로 보험입니다. 자동차 보험, 화재 보험, 생명 보험 등등 우리가 예측하기 어려운 상황에 대비하기 위하여 보험을 활용합니다. 인공지능이 내놓는 결과가 가진 불확실성 수준과 그 피해 수준에 따라 보험을 통해 관련된 리스크를 관리할 수 있다면, 미션 크리티컬 한 분야에서도 인공지능이 급속히 확산될 수도 있을 겁니다.

그런데 문제는 보험료를 책정하려면 그전의 사고율에 대해 어느 수준 이상으로 데이터가 쌓여야 한다는 것입니다. 시간이 필요하다는 이야기입니다. 만약 치열한 경쟁 상황으로 새로운 시장을 찾아야 하는 보험사들이 있다면 리스크를 감행할 것이고, 시장에 보험 상품이 빠르게 나올 수도 있을 겁니다.

• 학습 데이터의 합리적 유료화

마지막으로, 인공지능 기술이 현재 갖고 있는 폭탄 같은 문제가 하나 있습니다. 바로 학습 데이터에 대한 저작권 문제입니다. 이 문제가 해결되어야만 장기적으로 발전할 수 있습니다. 현재는 그냥 웹 크롤링을 통해 모은 데이터로 학습을 하고 있으며, 학습 데이터 사용에 관한 제도적인 뒷받침이 부족합니다. 제도적인 정비와 이를 구현할 시스템이 갖추어져야 예측 가능한 비용 구조하에서 인공지능이 더욱 발전할 수 있을 겁니다. 언제 소송으로 인한 예측 불가능한 비용이 나갈지 모르는 상황에서는 장기적으로 발전하기 어렵습니다. (그럼에도 일단 기술적으로는 지속해서 지르고 나아가야 한다고 생각합니다. 치열하게 싸우다가 일괄 타결하는 방식으로 기존 데이터에 대해 합의하고 신규 데이터는 시스템을 구성해서 정산하는 방식을 도입할 가능성이 높다고 생각합니다.)

3부

인공지능 분야 투자, 어떻게 접근할 것인가?

구슬이 서 말이어도 꿰어야 보배

5장

인공지능 시대에도 유효할
과거 IT 투자의 교훈

1990년대 이후, 인터넷이 보급되면서 크게 2번의 혁명이 있었습니다. 첫 번째는 '웹 혁명'이고, 두 번째는 '모바일 혁명'입니다. 이 두 번의 혁명은 우리의 일상을 크게 변화시켰고, 그 변화의 흐름을 타려는 수많은 스타트업들이 나왔고, 그 변화를 선도한 업체들은 어마어마하게 성장했으며, 해당 기업들에 투자한 사람들은 슈퍼리치의 기회까지 얻을 수 있었습니다. 지금은 다시 새로운 AI 시대가 열리고 진행되고 있습니다. 인공지능은 모바일 혁명에 이어 새로운 사업 기회와 투자 기회를 만들어 내고 있습니다. 이제 이 세 번째 기회를 잡기 위해 필요한 과거의 교훈들을 되짚어 보겠습니다.

웹 혁명 시대의 사례 및 교훈

웹 혁명 시기는 1990년대 중반부터 2000년대 후반까지로 볼 수 있습니다. 1990년대 초반, 모뎀(Modem)이라는 것이 컴퓨터에 연결되면서 전화망을 통해 하이텔과 같은 PC통신 서비스에 접속해서 채팅, 동호회 게시판 등을 사용하던 시기가 있었습니다. 드라마 〈응답하라 1994〉에서는 시작 장면으로 PC통신 서비스에 접속하는 '삐~ 지지지~' 하는 배경음과 접속 화면이 시작 인트로를 차지할 정도였습니다. 이러한 시장의 수요가 인터넷 프로토콜(IP Protocol)이라는 기술 방식이 시장에 도입되면서 비로소 전 세계가 인터넷으로 연결되는 웹 혁명 시기가 도래되었습니다. 이 시기에 벌어졌던 사례들과 그 기저에 흐르고 있던 중요한 전략적 메시지들을 살펴보겠습니다.

● **웹 혁명 시대 키워드: '연결'**

웹 혁명 시기에서 투자를 고려할 때의 핵심은 '연결'이라고 볼 수 있습니다. 컴퓨터 간 연결, 그 사용자 간 연결 그리고 텍스트, 음성, 이미지 등 다양한 종류의 정보 간 연결 등 디지털화된 모든 정보를 어떻게 연결해서 새로운 고객 가치를 창출해 낼 것인가가 이 시대의 주요 주제였습니다. 크게 나누어 보면, 이 연결을 가능하게 해 준 인프라 회사들과 이 연결이라는 바탕 위에서 어떠한 고객 가치를 만들어 내는 서비스 회사들에게서 크게 2단계의 기회가 나왔습니다. 개별 기업들의 사례로 들어가기 전에 먼저 과거와 어떻게 이 '연결'이 달라졌는지 간단히 살펴보겠습니다.

인터넷 프로토콜(IP Protocol)은 기존 통신 방식에 혁신을 가져온 기술 방식입니다. 인터넷 이전 시절에는 통신을 위해서는 전신, 전화, 팩스, 삐삐 등이 있었는데, 이는 모두 응용 분야에 맞도록 설계된 전용 네트워크가 필요했습니다. 그런데 인터넷망은 패킷(Packet)이라는 새로운 방식으로 통신이 가능하게 되었습니다. 즉, 물리적인 망은 전선으로 동일하지만 그 물리적인 망에 전달하는 단위를 패킷이라는 것으로 통일시켰고, 전화 음성, 텍스트 메시지, 사진 등과 같은 개별적인 응용 프로그램들이 생성하는 데이터는 패킷이라는 것으로 포장해서 전달하게 만드는 방식이었습니다. 이것은 마치 화물 종류는 다양하지만 해외로 보낼 때는 컨테이너에 넣고, 이 컨테이너를 배에 실어서 보내는 방식과 유사합니다. 각 화물은 음성, 텍스트 메시지, 사진 등이고, 컨테이너는 패킷, 물리적인 망은 배라고 생각하시면 됩니다. 이러한 변화는 인터넷망상에서 다양한 종류의 데이터(음성, 영상, 사진, 텍스트 등)를 그 상황에 맞도록 '연결'할 수 있는 환경이 조성된 것을 의미합니다. 이 '연결'의 힘은 인터넷 시대가 열린 이후 지금까지도 계속

되어 온 가장 근본적인 트렌드이며, 인공지능 시대에도 여전히 연결의 대상이 확대되어 가며 발전해 오고 있습니다.

이 '연결'의 초창기인 웹 시대(1990년대 중반~2000년대 후반)로 좁혀 보면 컴퓨터 간에 파일 전송이 가능해지고, 이메일로 소식을 전할 수 있었고, 게시판에 글과 사진을 올릴 수 있게 되었으며, 영상 회의가 가능해진 것도 모두 이 덕분입니다. 이러한 연결에 고객 가치를 부여한 여러 회사들이 등장하였고, 그중에서 구글, 아마존, 페이스북, 멜론, 엔씨소프트 등은 아직도 여전히 건재하며 중간에 좋은 투자 기회를 제공하기도 했으나, 싸이월드, 새롬기술과 같은 서비스들은 역사의 뒤안길로 사라지기도 했습니다.

연결 인프라 선점 업체

• 첫 번째 대박: 시스코와 아이들

앞에서 언급했다시피 웹 혁명의 시발점은 패킷 통신이었고, 이 패킷 통신망의 대표적인 사례가 바로 인터넷이었습니다. 이러한 인터넷 연결이 가능하게 만들어 주었던 인프라는 크게 패킷 통신 장비, PC 및 브라우저 등으로 나누어 볼 수 있습니다. 패킷 통신이 가능하게 만들어 주었던 장비들은 모뎀, LAN 카드, 라우터, 스위치 등으로 나누어 볼 수 있습니다. 이러한 장비들은 통신사나 일반 고객들에게 팔려 나갔고, 매출 성장과 함께 새로운 사업 기회와 투자 기회들을 제공했습니다.

이러한 패킷 통신을 가능하게 만든 핵심 장비가 라우터(Router)였는데, 이 라우터를 만든 세계 1위 회사가 바로 시스코(Cisco)였습니다. 최근 인공지능 시대에 엔비디아라는 반도체 회사가 시장을 주도하면서 자주 언급되는 회사가 바로 시스코인데, 이 시스코가 웹 혁명 초기에 바로 대장주였습니다. [그림 7]을 보시면 1995년 초 약 2달러 수준이었던 주가가 2000년 3월에는 약 77달러까지 38배 가까이 상승한 것을 알 수 있습니다. 6년 동안 대략 40배가 상승하면서 초기에 진입한 사람들은 슈퍼리치가 될 수 있었어요. 사람들이 엔비디아를 보면서 저 시스코를 소환하는 이유이기도 합니다. 라우터 이외에도 LAN 카드를 만들던 3 Com, 패킷망 스위치를 만들던 주니퍼 네트웍스(Juniper Networks) 등과 같은 회사도 큰 성공을 거두었던 회사들입니다. 이렇게 웹 혁명의 인프라 장비를 만들던 회사들이 초기에 대박을 주었습니다.

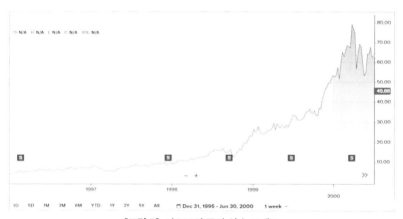

[그림 7] 시스코의 주가 상승 그래프

• 그 시절 또 하나의 아이돌: 통신사

또 다른 인프라 제공 회사는 바로 통신사였습니다. 통신사는 인프라 장비를 기반으로 고객들에게 패킷 통신 서비스를 제공하고 수익을 창출하면서 국내 통신사들도 주가가 어마어마하게 상승했어요. [그림 8]을 보시면 국내 대표 통신사인 SK텔레콤은 1997년 말 약 20만 원대 이던 주가가 2000년 2월 500만 원까지 찍은 적이 있습니다(액면분할 전 주가 기준). 특히 국내 통신사들은 해외 통신사들과 다르게 NATE(SK Telecom), Magic N(KT)과 같은 무선 인터넷 서비스를 직접 제공하면서 더욱 높은 가치 평가를 받았습니다. 무선 통신사 이외에 도 데이콤, 하나로통신 등 많은 통신사가 웹 혁명 초기에 국내 주식 시장을 주도했습니다.

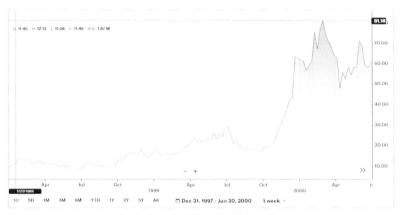

[그림 8] SK텔레콤의 주가 상승 그래프

이러한 인프라 제공 회사들은 그 성장에 대한 스토리나 기업 실적 이 비교적 쉽게 눈에 띄기 때문에 초기에 조금의 관심만 있으면 비교 적 투자 기회를 잡기 쉽습니다. 즉, 인터넷 사용자가 증가하며 인터넷 라우터, 스위치 등의 장비 수요가 폭발했고 인터넷 연결 환경이 개선되자 다시 사용자의 증가라는 선순환 구조를 만들 것이라는 스토리가 너무나 쉽게 시장에 받아들여질 수 있었던 것이죠. 그리고 이러한 기회를 잡은 사람들은 큰 수익을 낼 수 있었습니다. 일부는 새롭게 슈퍼리치가 되기도 했습니다.

귀납적 인공지능 분야는 이런 징조가 이미 눈에 보이는 상황입니다. 바로 엔비디아가 그 주인공이고, 2024년 중반에 시가 총액 1위도 잠시 오르기도 했습니다. 엔비디아는 인공지능을 가능하게 만들어 주는 반도체 칩을 만드는 회사입니다. 그리고 이 반도체를 활용하여 클라우드 서비스를 제공하기 위한 AI 데이터 센터 관련 주식, 이 데이터 센터에 전기를 공급하기 위한 전력 기기 등 주변으로 그 온기가 확산되면서 주가가 들썩였습니다.

웹 서비스 기업들의 성공 비밀

• 롱테일(Long-tail) 시장 안착

롱테일 시장이란 기존 사업자들이 커버하지 않는 사업 영역을 말합니다. 롱테일이 발생하는 원인은 해당 상품을 만들어서 발생하는 매출이 그 상품의 제조 비용보다 낮아서 사업성을 확보하지 못한 시장입니다. 이러한 시장은 신규 사업자가 진입하기 좋고, 경쟁이 상대적으로 약하므로 성공할 가능성이 매우 높아집니다. 일반적으로 기존에 유사한 사업을 진행하던 업체들이 존재하는 경우 사업성을 이유로 해당 시장을 포기했을 것이며, 실제로 기술 발전으로 인한 원가 절감으로 사업성이 나오게 된다고 하더라도 기존 업체 입장에서는 계륵과 같은 시장일 가능성이 매우 높기 때문에 신규 사업자가 진입하여 시장에 자리 잡기가 상대적으로 좋습니다.

대표적인 사례가 초기의 아마존(amazon)입니다. 아마존은 인터넷 서점으로 시작했습니다. 기존의 오프라인 서점은 소비자가 언제 찾을지 모르는 책 재고가 있어야 했고, 이는 인쇄 비용, 재고 비용을 수반했습니다. 그렇기에 오프라인 서점은 팔릴 가능성이 높은 책들 위주로 인쇄해서 구비하고 있어야 했습니다. 이러한 상황에서는 베스트셀러와 스테디셀러 위주로만 재고를 유지해야 했습니다. 결과적으로 판매량이 적은 책들은 절판이 되거나 재고가 소진되어 소비자들은 구할 수 없게 되었습니다. 그런데 온라인으로 서점을 하게 되면 중간 재고 비용 등이 절감되기 때문에 희귀한 책도 구할 수 있게 되었습니다. 즉, 기존 서점들이 커버하지 못하는 롱테일 시장에서 안전하게 자리를 잡을 수 있게 됩니다. 여기에 인쇄 비용도 줄이기 위해 전자책 단말기인 킨들과 유통 시스템을 도입하여 인쇄 비용 문제도 개선했습니다. 책이라는 유통 기한이 없는 제품에 기존 사업자들이 커버할 수 없는 시장을 차지하고 있으니, 해당 시장에서 자리를 잡고 점차 베스트셀러나 스테디셀러까지 그 영역을 확장하여 시장 지배력을 확장해 가면서 성공할 수 있었습니다. 이는 웹 혁명으로 인한 '연결'의 대상은 저자와 독자였고, 고객 가치는 희귀한 책도 쉽게 구할 수 있도록 만든 가치였으며, 사업적으로는 기존의 잠재 경쟁자들 대비 그 비용을 획기적으로 절감하여 수익성을 만들어 냈기에 큰 기회를 줄 수 있었다고 볼 수 있습니다.

새로운 사업 기회나 투자 기회가 성공하려면 특정 시장에서 핵심 경쟁력을 갖고 시장에 안착할 시간을 벌 수 있어야 합니다. 그런 면에서 롱테일 시장은 시작하기 매우 좋은 시장입니다. 특히 기술 발전으로 원가 절감이 가능해진다면, 빨리 뛰어들어 시장 선점을 하는 기업에게 유리합니다. 인공지능 시대도 마찬가지일 것입니다. 이러한 기회를 빨리 포착하는 기업에 투자해야 합니다.

- **구조적 확장성**

소위 말하는 대박 기업은 성장성에 한계를 측정하기 어려울 때 나옵니다. 이때는 거의 버블 수준으로 주가가 오르기까지 합니다. 그런데 저 성장성은 사업 구조 측면에서 구조적 확장성을 갖고 있을 때 확보할 가능성이 높습니다.

[그림 9] 검색 엔진 야후와 구글의 초기 화면 모습

[그림 9]는 웹 혁명 초기에 검색 엔진의 대표 주자였던 야후와 구글의 홈페이지 모습입니다. 그 당시 야후는 디렉토리(directory) 방식으로 분류하여 인터넷 정보를 검색할 수 있게 해 주었습니다. 이에 비해 구글은 가운데 검색창(Search Box) 하나만을 놓고 키워드를 입력하면 가장 유사한 결과값을 보여 주는 방식을 택했습니다. 초창기에는 야후가 유리했습니다. 인터넷에 정보가 아주 많지 않았기도 했고, 초기

에 사용자들이 접근했을 때 간단히 링크를 클릭하는 것만으로 차례 차례 정보에 접근할 수 있었기 때문입니다. 이에 비해 구글은 사람들이 검색어를 입력해야 하는 수고가 필요했고, 저 넓은 화면을 비워 두는 것이 광고 수익 창출 측면 등에서 비효율적으로 보이기도 했었습니다. 그러나 점차 인터넷에 데이터가 많아지면서 확장성 측면에서 차이가 발생하기 시작했습니다. 인터넷 데이터가 많아지면서 야후의 디렉토리 방식으로는 분류마저도 점차 쉽지 않았습니다. 여기에 구글은 자신들의 홈페이지에만 트래픽을 모으는 방식이 아니라 블로그와 같은 타인의 페이지에 자신들의 검색창이나 구글 광고를 노출하는 방식을 채택했습니다. 초기에는 웹사이트 트래픽을 올리고 이를 기반으로 기업 가치를 산정하거나 CPM(Cost Per Mille) 방식으로 광고 수입을 올리는 시대였기 때문에 구글의 저러한 전략은 선택이 쉽지 않았을 수 있습니다. 하지만 인터넷 정보와 웹페이지는 계속 늘어날 것이라는 예측이 가능했기에 구조적인 확장성을 갖춘 구글이 결국 승리하게 되었습니다. 물론 저 원인 하나만으로 야후와 구글의 경쟁력 차이를 말하기는 어려울 것입니다. 그러나 어떤 사업이 구조적인 확장성을 가진 경우, 해당 기업의 승리를 예측하고 좀 더 큰 투자 기회를 제공한다는 것은 두말할 여지가 없습니다.

또 다른 사례는 바로 페이스북과 싸이월드에서 찾아볼 수 있습니다. 싸이월드는 2000년대 중반 한국에서 도토리와 일촌 파도타기 신드롬을 일으켰던 SNS 서비스였습니다. 그때 당시는 각자 개인 홈페이지를 만드는 게 유행이던 시절이었는데, 여기에 미니홈피라는 개념을 도입하여 자신의 홈피를 꾸미고, 게시글과 사진을 올리고 친구들과 소통하는 서비스였습니다. 여기에 일촌 기능을 추가하여 자신들의 친구들의 미니홈피를 방문하여 친구의 동태를 살피고, 댓글을 달면서 함께 즐기는 방식이었습니다. 그리고 도토리라는 사이버 머니를 팔아서 홈피를 꾸미는 등에 사용하게 만들어서 수익모델까지 갖춘 전도유망한 서비스였습니다. 페이스북도 유사한 서비스였습니다. 다만, 시간이 지나면서 두 서비스의 차이는 사용자 입장에서 달라졌습니다. 싸이월드는 친구 소식을 알기 위해서 친구 미니홈피를 방문했어야 하는 반면, 페이스북은 내 페이지에 친구 소식이 들어와서 보이는 방식으로 발전했습니다. 이는 서비스의 확장 측면에서 싸이월드와 페이스북이 결정적으로 차이가 나게 만들었습니다. 페이스북은 고객이 가만히 있어도 게임 등의 여러 페이지가 사용자에게 노출이 될 수 있어서 페이스북은 사업을 확장하고 광고를 노출할 수 있는 구조적인 확장성을 확보한 반면에, 싸이월드는 자신의 미니홈피를 고객이 계속해서 꾸며야만 명맥을 유지할 수 있는 구조적인 한계를 갖고 있었습니다. 그렇다면 서비스 제공 방식 두 기업의 의사 결정은 왜 차이가 났을까요? 과연 싸이월드 경영진이 무능해서일까요? 페이스북 CEO인 저커버그가 더 똑똑해서일까요? 제 생각에는 두 회사의 수익모델 측면에서 차이가 있었기 때문입니다. 싸이월드의 미니홈피는 도토리라는 방식으로 수익을 만들었는데, 미니홈피가 친구들의 소식으로 채워지면 사용자가 도토리를 구매해서 미니홈피를 꾸며야 할 필요가 줄어듭니다. 이에 비해 페이스북은 광고를 주 수익모델로 삼았기 때문에 광고를 사용자의 홈페이지에 노출시키는 것이 더 유리한 의사 결정이었습니다. 시간이 지나고 결과가 나온 상황에서 거꾸로 분석을 할 수는 있지만, 그때 당시의 경영진은 나름 최선의 결정을 한 것이라고 봐야 합니다. 이러한 사례를 복습하는 것은 인공지능 시대에 새롭게 사업을 전개하거나 투자를 하는 사람들의 실수를 줄여 주기 위함입니다. 유사한 서비스가 구조적인 확장성 측면에서 차이가 있다면, 어떤 것이 더 확장성이 좋은지 살펴봐야 합니다.

한 가지 추가로 고려해야 할 사항은 페이스북과 싸이월드의 글로벌 확장 전략에서의 차이입니다. 싸이월드는 한국에서 성공한 서비스를 중국과 미국 등에 그대로 카피해서 별도의 서비스를 만들려고 시도했습니다. 이에 비해 페이스북은 친구 네트워크(Network)를 그대로 확장시켜서 페친으로 유입을 시도하면서 페이스북 서비스를 글로벌로 넓혀 갔습니다. 즉, 싸이월드는 이미 한국에서 구축했던 역량을 글로벌 사업에서 활용하지 못했지만 페이스북은 기존 친구 관계를 그대로 활용하여 확장해 나가는 방식을 활용하였습니다. 이 부분은 구조적 확장성보다는 사업 확장을 추구하는 전략에서 차이가 난 것입니다. 이때 당시 상황으로 보면 싸이월드의 전략이 반드시 나쁘다고 볼 수는 없습니다. 네이버 라인도 일본에 들어가서 일본의 국민 메신저로 자리 잡은 사례가 있기 때문입니다. 다만, 기존에 축적한 자산을 활용하는 측면에서 페이스북이 더 유리했다는 점입니다. 그리고, 페이스북은 미국의 서비스였고, 하버드대학교에서 시작했기 때문에 미국 대학에 유학 온 전 세계 학생들로 자연스럽게 확산할 수 있는 구조적인 이점이 있었다는 것을 무시할 수는 없습니다. 그럼에도 이 확장 전략의 구조적인 차이를 이야기하는 것은 현재 인공지능 시대의 한국의 서비스 업체들이 새로운 서비스를 만들어 낸다면 그 당시의 페이스북과 같은 유리한 측면을 갖고 있기 때문입니다. 앞에서 인공지능의 장기적 미래를 예측하면서 '없어질 언어 장벽, 남아 있을 문화 장벽'에 대해 얘기했습니다. 지금의 한국은 〈어서 와, 한국은 처음이지?〉라는 프로그램이 만들어질 정도로 많은 외국인들이 들어와서 살고 있고, 한국의 드라마 등을 통해 K-문화가 글로벌로 퍼져 나가고 있습니다. 따라서, 이러한 유리한 점을 최대한 활용할 수 있도록 해야 할 것입니다.

• 합리적 수익모델 추구

이 시대 초기에는 수익보다는 일단 가입자를 모으는 데 집중하던 시기였습니다. 그 모은 가입자로 기업 가치 평가를 받아 투자를 진행하고, 사업을 유지하던 방식으로 진행했습니다. 당연히 어떤 사업이 처음부터 바로 돈을 버는 것은 쉽지 않습니다. 하지만 일반적으로 새로 사업을 시작한 후 3년 정도 시간이 지나면 수익모델에 대한 압박을 받게 됩니다. 우리가 웹 시대의 대표적인 수익모델 실패 사례로 자주 언급되는 것이 바로 프리챌입니다.

프리챌은 1999년에 설립되어 2000년대 초까지 다양한 주제에 대한 게시판과 카페 형태의 커뮤니티를 중심으로 운영되어 대표적인 커뮤니티 서비스 제공 회사였습니다. 다양한 주제의 모임과 커뮤니티를 만들 수 있는 환경을 제공하면서 젊은 사용자층들을 중심으로 자유롭게 소통하고 정보를 공유할 수 있는 플랫폼으로 성장했습니다. 특히 초기에 무료로 서비스를 제공하며 큰 인기를 끌었고, 사용자의 자발적인 참여를 유도하고 커뮤니티 내에서 활발한 상호 작용을 촉진했습니다. 2000년 초 동창회는 아이러브스쿨, 다른 모임은 프리챌이라는 공식이 생길 정도였습니다. 아이러브스쿨 서비스에 비해 커뮤니티를 만들 수 있는 방식 자체가 다양했기에 프리챌이 커뮤니티 서비스 영역에서는 독보적인 자리를 차지하게 됩니다. 그러나 프리챌은 수익 모델을 창출하는 과정에서 큰 실수를 저질렀습니다. 기본적인 수익모델은 '아바타 꾸미기'였습니다. 게시판에 글을 쓸 때 아바타가 작성자 정보에 같이 노출되었는데, 이 아바타에 속옷만 입혀 놓고 화려한 의상을 팔아서 수익을 창출하는 방식을 시도했었습니다. 그러나 이 방식은 사용자들에 부정적 여론을 만들었으며, 필요한 수준의 매출도 만들어 내지 못했습니다. 그래서 2002년에 각 커뮤니티에 직접 과금하는 방식을 도입하게 됩니다. 이렇게 사용자에게 커뮤니티 이용료를 부과하자 사용자들이 반발하여 프리챌 서비스를 떠나갔고, 커뮤니티의 활성도가 급격히 떨어졌죠. 수익을 창출하려는 의도는 좋았으나 사용자들의 반발과 이탈을 예상하지 못한 것은 큰 실책이었습니다. 사실 이러한 평가는 이미 시간이 지나고, 그 결과가 나왔기에 실책이라고 말할 수 있는 측면이 큽니다. 그렇다면 그때 당시로 돌아가서 사업 운영이나 투자 의사 결정을 해야 한다면 무엇을 고려할 수 있을까요? 인터넷 서비스의 특성상 사용자가 다른 경쟁 서비스로 이동하기는 비교적 쉬운데 프리챌은 이런 고객들의 낮은 전환 비용(Switching Cost)을 충분히 고려하지 못한 점이 아쉽습니다.

당시 시장에는 유사한 서비스들이 존재했고, 이미 다른 서비스로 자리 잡은 잠재적 경쟁사업자들이 프리챌이 만들어 놓은 시장에 진입하려는 시도를 충분히 예상할 수 있었습니다. 실제로 사용자들은 프리챌 대신 네이버 카페, 다음 카페 등 다른 플랫폼으로 이동했죠. 경쟁 플랫폼들은 무료로 다양한 커뮤니티 서비스를 제공하며 사용자들을 빠르게 흡수했습니다. 프리챌은 고객들의 전환 비용이 낮다는 점을 간과한 채 과금 정책을 도입함으로써 사용자 기반을 잃고 경쟁에서 뒤처지게 됩니다.

결론적으로 프리챌의 실패는 수익모델을 잘못 설계한 데 있습니다. 커뮤니티에 과금을 도입하는 방식은 사용자들의 반발을 일으켰고, 대체 서비스로의 이탈을 촉진했습니다. 고객들의 전환 비용이 낮다는 점을 충분히 고려하지 못한 채 수익모델을 도입한 것은 프리챌의 치명적인 실책이었습니다. 결국 프리챌은 시장에서 밀려나고 말았습니다.

이 사건 이후로 대부분의 인터넷 업체들은 고객에 직접 과금하는 방식보다는 광고에 의지하는 방식을 택하게 되며, 이는 지금까지도 유효합니다. 이 교훈 이후로 얼마 지나지 않아 프리미엄(Freemium, 초기 간단한 기능은 무료로 제공하다가 일정 기능 이상은 과금을 하는 방식)이 도입되면서 수익모델을 찾아갑니다. 광고와 과금이 처음에는 대치하는 개념의 수익모델 방식이었다가 그 둘이 결합되는 방식으로 진화한 것입

니다. 기본적으로 과금 방식과 광고 방식이 붙으면 과금 방식이 99%
패하게 되어 있습니다. 고객 수용도가 엄청 차이가 나며, 또한 IT 서
비스의 특성상 유사한 대체재가 많은 상황은 피할 수가 없습니다. 하
지만 광고로 수익을 내려면 어느 임계 수준 이상으로 사용자를 모아
야 한다는 단점이 존재합니다. 이것이 바로 인터넷 서비스업의 진입
장벽으로 작동합니다. 즉, 어떤 기업이 광고로 수익모델을 추구하겠
다는 상황이 되면 해당 기업이 어떻게 그 임계 수준을 넘어설 것인지
잘 판단해야 하고, 투자를 진행해야 실패 가능성을 낮출 수 있습니
다. 또한 스타트업을 운영하는 입장에서도 이제 IT 버블 이후 20년이
넘게 지났기 때문에 수익모델에 대한 계획 없이 투자를 받기는 쉽지
않습니다. 인공지능 시대에 새로운 사업을 시작하고 투자를 진행할
때는 사업 계획상에 반드시 수익모델에 대한 계획을 담아야 하는 상
황입니다.

- **끝판왕: 네트워크 효과**

네트워크 효과(Network Effect)는 플랫폼 기업이 경쟁 우위를 달성할
수 있는 가장 중요한 방법입니다. 이 네트워크 효과란 간단히 말하면,
기존에 사용자가 많은 서비스에 새로운 사용자들이 더욱 몰려드는
현상을 말합니다. 예를 들면 MSN 메신저, 카카오톡과 같은 메신저 서
비스들은 그 후에 여러 다른 메신저 서비스들이 나왔지만, 주변에서

많은 사람이 카카오톡을 사용하기 때문에 그쪽으로 사용자가 몰려들었죠. (단면(single-side) 네트워크 효과라고 합니다.) 다른 예를 들면 아마존 같은 온라인 커머스 사이트에서 구매자가 많으니 판매자가 몰리고, 또 판매자가 많아 파는 상품이 많으니 다시 구매자가 몰리는 현상도 네트워크 효과라고 볼 수 있습니다. (앞 사례와 구분해서 구매자와 판매자가 서로 몰리게 된다는 의미로 양면(two-side) 네트워크 효과라고 합니다.)

네트워크 효과를 별도로 언급하는 이유는 기업의 경쟁 우위 달성 전략에서 가장 중요한 방법의 하나이기 때문입니다. 네트워크 효과가 어느 임계점을 넘어가면 승자 독식 게임(WinnerTakesAll)으로 귀결되는 특징이 있습니다. 즉, 독과점 사업자가 될 가능성이 매우 높다는 이야기이고, 후발 사업자가 따라와도 시장 잠식이 쉽지 않다는 이야기입니다. 구글, 아마존, 카카오톡 등 우리가 흔하게 알고 있는 대표적인 플랫폼 기업들은 이 네트워크 효과를 달성하면서 소위 말하는 대박 기업이 되었고, 시장 지배력을 유지하고 있습니다.

이 네트워크 효과는 웹 시대뿐만 아니라 뒤에서 다룰 모바일 시대와 인공지능 시대에도 여전히 유효하게 적용될 수 있습니다. 메신저 시장 말고도 모바일 시대에도 그 파워를 보여 주는 사례가 바로 모바일 OS 경쟁 시장입니다. 현재 스마트폰 시장은 아이폰과 안드로이드폰으로 양분됩니다. 아이폰은 가입자당 평균 매출(ARPU)이 높은 핵심 고객들을 확고히 잡고 애플의 여러 디바이스를 묶어 주는 아이클라우드 서비스로 고객을 자사에 묶어 두면서 시장에 안착했습니다.

여기에 애플은 1위 통신사업자가 받아들일 수 없는 조건을 내걸어 1 위 사업자의 시장 점유율을 뺏어 오고자 하는 2위 이하 사업자들과 제휴하여 글로벌 시장에서 iOS의 세력을 확산해 나갔습니다. 이렇게 글로벌 수준으로 모은 이용자를 바탕으로 앱스토어를 통해 앱 개발 자를 끌어들였습니다. 이런 식으로 양면 네트워크 효과를 만들어 내 었습니다. 반면 구글은 "아무나 OS를 가져다가 핸드폰을 만드세요." 라고 오픈소스 전략을 써서 아이폰 이외에 다른 스마트폰을 쓰고 싶 어 하는 사람들과 시장 분할을 원하는 삼성과 같은 제조사들과 협력 해서 구글의 안드로이드를 사용하게 만드는 방식으로 시장에 안착했 습니다. 우리나라에서 KT와 애플이 협력하여 아이폰을 출시했을 때 SK텔레콤과 삼성전자, 구글이 협력하여 시장을 분할해서 차지했습니 다. 이런 방식으로 iOS와 안드로이드 두 개의 OS만이 네트워크 효과 를 달성하여 시장에 안착할 수 있었습니다. 하지만 마이크로소프트 는 2000년대 초부터 스마트폰 운영 체제(OS) 시장에 진출했으나, 적절 한 협력사를 확보하지 못해 사용자 기반 구축에 실패했습니다. 회사 는 스마트폰 확산과 함께 망해가던 노키아를 인수하기도 하고, 앱 제 작에도 자체 예산을 많이 들여서 생태계를 만들려고 했으나 결국에 는 실패했습니다. 마이크로소프트와 같은 글로벌 대기업도 일단 만 들어진 네트워크 효과를 극복하지 못할 만큼 무서운 경쟁 우위 달성 전략입니다.

참고로 이 네트워크 효과를 극복한 사례도 하나 추가로 보겠습니 다. 이미 시장을 선점한 MSN 메신저 서비스를 네이트온(NATE On)이라는 메신저가 국내에서 뒤집은 사례가 있습니다. 1999년에 출시된 MSN 메신저는 윈도우즈 운영 체제(Windows OS)에 기본 결합 상품으로 제공되었던 서비스입니다. 글로벌 사용자 기준으로 2001년에 약 2,900만, 2009년에는 3억 3천만 명으로 성장한 대표적인 메신저 서비스였습니다. 2000년대 초중반 MSN 메신저 팀은 마이크로소프트사 내 타 부서 사람들이 부러워하거나 약간은 시기하는 분위기까지 있을 정도로 잘나가는 팀이었다고 합니다. 인터넷 익스플로어(Internet Explorer) 브라우저가 윈도우즈의 힘으로 확산되었던 것처럼 MSN 메신저 서비스도 무료 인스턴트 메시징 시장에서 우위를 차지하고 있었습니다. 그런데 한국 시장에서는 '네이트온(NATEOn)' 메신저가 MSN 메신저를 이긴 적이 있습니다. 앞에서 언급했듯이 네트워크 효과를 기반으로 시장을 선점하고 있는 서비스가 있을 때 이러한 시장을 뒤집기는 매우 어렵습니다. 그렇다면 과연 이때 네이트온은 어떻게 성공할 수 있었을까요?

그 비결은 두 가지가 있었는데, 첫 번째는 MSN 메신저 연동 기능이었습니다. 이 기능은 네이트온 서비스에 접속하면 MSN 친구 리스트가 보이고, MSN을 사용하고 있는 친구와 네이트온을 통해서 대화를 나눌 수 있었던 겁니다. 즉, MSN이 보유하고 있는 친구 네트워크를 그대로 받아서 활용할 수 있었습니다. 이로써 MSN 메신저가 보유한 네트워크 효과를 어느 정도 상쇄할 수 있었습니다. 그러나 이것만으로는 부족했습니다. 사람들이 이미 PC에 설치되어 있는 MSN 메신저를 쓰지 않고, 네이트온을 새로 설치해서 쓸 이유는 부족했죠. 여기에 네이트온에서 두 번째 승부수를 던집니다. 바로 매월 무료 문자 100건을 제공한 것입니다. 당시에는 핸드폰에서 보내는 문자 메시지가 1건당 20원 정도였습니다. 그런데 네이트온에 접속해서 친구에게 메신저로 대화하는 것 말고도 친구에게 핸드폰 문자까지 무료로 보낼 수 있는 상황이 된 것입니다. 이 한 수는 시장에서 바로 통했고, 사람들이 네이트온 메신저를 설치해서 사용하기 시작했고, MSN 메신저 사용자를 넘어섰습니다. (나중에 MSN 메신저에서 네이트온과의 연동을 끊었습니다만, 이미 네이트온은 충분한 경쟁력을 갖춘 뒤였습니다.)

여기서 한 가지 추가로 고민해 볼 사항이 있습니다. 네이트온은 어떻게 무료 문자 100건이라는 큰 비용을 투입하는 결정을 내릴 수 있었을까요? 그 시절은 매출이라는 실적보다 일단 가입자 확보라는 지표로 시장에서 가치 평가를 받을 때였습니다. 매출이나 실적은 다음이고, 일단 서비스 가입자를 모아야 그다음에 수익모델을 붙일 수 있다는 생각이 주류를 이루고 있었죠. 지금 인공지능이라는 키워드가 IT 세상을 지배하고 있는 것처럼, 이 시절에는 인터넷이라는 키워드가 지배하고 있었습니다. 일단 가입자를 모으고 나서 생각하자는 분위기가 사업자와 투자자 모두에게 있었기 때문에 이러한 행동이 가능했습니다. 결론적으로 네트워크 효과를 선점한 사업자를 뒤집기 위해서는 큰 비용을 투자해야 합니다. 따라서, 어떤 사업이 네트워크 효과가 발생할 수 있는 구조라고 생각이 들 때는 시장을 선점하기 위해서 최대한 빠른 속도로 확장시켜 나가는 것이 효과적입니다.

웹 혁명의 2차 웨이브

인터넷의 도입으로 인한 웹 혁명으로 직접적으로 탄생한 사업들도 많지만, 이에 따라 큰 영향을 받아 변화한 파생 사업도 매우 많습니다. 즉, 연결이 만들어 낸 효과가 일차적인 사업 기회를 넘어서 다양한 산업 자체를 재편하면서 큰 변화를 일으키기도 합니다. 이러한 변화를 잘 파고든 사업자는 새로운 대박의 기회를 찾았지만 잘 대응하지 못한 사업자는 역사의 뒤안길로 사라졌습니다. 이 분야를 통찰해야 하는 이유는 인공지능도 특히 이러한 방식으로 발전할 가능성이 높기 때문입니다. 그중 몇 가지만 살펴보자.

• 멜론으로 인한 나비효과

인터넷이 본격화되기 전 음악 산업은 주로 LP나 CD, 카세트테이프와 같은 음반 판매를 중심으로 이루어졌습니다. 1994년 김건모의 3집 〈잘못된 만남〉은 최다 음반 판매로 기네스북에 오를 정도였고, 음반 판매가 주 수익원 중 하나였습니다. 그리고 1990년대 중반 SM엔터테인먼트와 같은 연예기획사들이 등장하여 아이돌 중심의 음악 시장으로 성장하고 있었습니다. 이 시기는 한국 사회에서 X세대의 등장과 함께 소위 말하는 한국 대중음악 르네상스 시기였습니다.

그러나 음악의 디지털화와 더불어 MP3 형식의 음악 파일이 등장하게 됩니다. 여기에 디지털 파일 형식이면 어떠한 것이든 전달할 수 있는 인터넷의 등장은 기존 업계의 주 수익원인 음반 사업을 송두리째 흔들게 됩니다. 사람들이 음반을 구매하지 않고, 길거리 리어카의 유행가 테이프마저 구매하지 않고, 인터넷에서 음악 파일을 다운로드받아서 듣게 되는 현상이 벌어집니다. 여기에 MP3 파일만 있으면 CD로 직접 구울 수 있는 기술까지 등장하면서 기존 음악 시장의 수익 구조 자체가 무너지게 됩니다. 이들은 음악 불법 유통 사이트나 스트리밍 서비스들에 서비스 중지에 대한 공식 서한을 보내는 등 대처했습니다. 특히 이 시절 3위 통신사업자가 이러한 흐름을 활용해 보기 위해 자사 고객들에게 MP3 파일을 제약 없이 유통시켜서 가입자를 모아 보려는 시도도 있었습니다. 이에 가수협회 분들이 그 회사 앞에서 시위도 했었습니다. 그러나 한번 흘러간 이 방향은 거스를 수 없었습니다.

이렇게 무분별하게 무료로 음악이 유통되던 시기에 국내에는 멜론, 미국에는 냅스터 등 유료 음악 스트리밍 서비스가 등장하게 됩니다. 멜론은 2004년 출시된 이후 국내 음악 유통 산업에 큰 혁신을 가져온 서비스입니다. 일정 금액의 월정액을 내면 무제한으로 디지털 음원 스트리밍 서비스를 받을 수 있었고, 건별로 결제를 하면 디지털 음원의 다운로드도 받을 수 있었습니다. 즉, 사용자가 언제 어디서나 원하는 음악을 음원 단위로 쉽게 즐길 수 있도록 했습니다. 이는 곧 음악 소비 시장에 주류가 되었는데, 음악 산업 전체에 큰 변화를 불러왔고, 새로운 수익모델을 모색하는 계기로 이어집니다.

멜론과 같은 디지털 음원 서비스가 확산하자 가수와 레코드사들은 더 이상 음반 판매만으로 생계를 유지하기 어렵게 됩니다. 음반 판매 수익이 급감하면서 가수들은 새로운 수익원을 찾아야 하는 상황에 직면하게 되었죠. 또한 디지털 음원 서비스는 음악 소비의 형태를 바꾸어 개별 곡에 대한 선호도가 높아지게 되죠. 따라서 가수들은 정규 앨범보다는 싱글이나 디지털 싱글을 더 자주 발표하게 되었습니다. 결과적으로 음악 자체만으로는 충분한 수익을 창출하기 어려운 환경이 조성되면서 가수들은 다각적인 활동을 통해 생계를 유지하고자 했으며, 레코드사들도 종합엔터테인먼트 회사로 변신하게 됩니다. 이런 변화 속에서 가수들은 생존을 위해 멀티 엔터테이너로 변신해야 했습니다. 단순히 음악 활동에만 머무르지 않고 연기, 예능, 공연, 팬미팅, 광고 등 다양한 분야에서 활동하게 됩니다. 이는 가수들이 다양한 재능을 발휘할 수 있는 기회를 제공함과 동시에 수익원을 다각화하는 데 중요한 역할을 했습니다. 가수들이 드라마나 예능 프로그램에 출연하면서 음악 활동 외에도 팬들과의 접점을 넓히고 인지도를 높일 수 있었습니다. 이는 가수 개인뿐만 아니라 소속사에도 긍정적인 영향을 미쳐 다양한 분야에서의 활동을 통해 안정적인 수익을 창출할 수 있는 기반이 되었습니다. 특히 예능 프로그램을 통해 가수들이 대중에게 친근한 이미지를 구축하면서 팬덤이 확장하게 됩니다.

이렇게 디지털 음반 화와 인터넷으로 인한 변화로 음악 업계는 생존을 위한 변신에 나설 수밖에 없었고, 이러한 변화의 에너지는 다양한 변화를 이끌었습니다. 향후에 이러한 에너지는 다시 모바일 시대와 만나면서 새로운 방향으로 발전하게 됩니다. 이 부분은 뒤에서 다시 한번 다루겠습니다.

음악 이외에도 새로운 기회는 또 나왔었습니다. CD와 같은 음반이 시장에서 자리 잡지 못하게 되면서 CD 플레이어 대신 MP3 플레이어라는 새로운 디바이스가 등장하여 새로운 유니콘으로 성장했고, 또다른 슈퍼리치가 탄생했습니다. 한때 시장을 지배했던 아이리버와 애플의 아이팟입니다. 아이리버는 애플에 시장을 잠식당하기 전까지 좋은 투자 기회를 준 회사였습니다. 그 이후 애플은 아이폰 등으로 새롭게 성장하여 더 큰 수익을 안겨 준 회사였음은 말할 것도 없습니다.

• 네트워크 게임 전성시대

게임은 인류와 함께 오랜 시간 함께해 온 필수품이었습니다. 가위바위보와 같은 어린 시절부터 친구와 함께하는 게임, 학생 시절 전자오락실에 가서 하던 갤러그, 제비우스, 너구리, 테트리스 등등은 이미 어린 시절의 일상이었습니다. 여기에 PC가 확산되면서 나타난 삼국지 게임은 90년대 여러 대학생들의 학점을 갉아먹었고, 소니와 닌텐도의 일본 게임기는 한 시대를 풍미했습니다.

그런데 인터넷이 등장하면서 이제 게임은 혼자 하는 게임이 아닌, 네트워크 게임으로 여러 명이 동시에 즐길 수 있게 되었습니다. 그 첫 번째 신호탄이 바로 스타크래프트였습니다. 스타크래프트는 배틀넷이란 것을 통해 동시에 여러 명이 접속하여 서로 상대하며 게임을 즐길 수 있는 환경을 만들었습니다. 이러한 발전은 2000년대 e-스포츠라는 새로운 장르로 확대되며, 프로게이머라는 직업도 만들게 됩니다. 인터넷을 활용하여 온라인으로 연결해서 게임을 즐길 수 있는 스타크래프트 게임의 성공은 많은 후발 주자들을 양산했고, 국내 게임 산업을 부흥시키고 글로벌 진출까지 하게 만든 역할을 했습니다. 예를 들어, 리니지와 카트라이더와 같은 온라인 게임은 새로운 형태의 글로벌 연결을 제공하면서 전 세계적인 게임 커뮤니티를 형성하는 데 큰 역할을 합니다. 이런 게임들은 지리적 경계를 넘어서 전 세계의 플레이어들이 실시간으로 소통하고 경쟁할 수 있는 플랫폼을 제공했죠. 이 게임들은 수준 높은 그래픽과 게임성을 자랑했을 뿐만 아니라 다양한 사회적 활동을 가능하게 하는 플랫폼을 선보였습니다. 예를 들어, 리니지는 플레이어들이 길드를 결성하고 다른 길드와 전쟁을 통해 상호 작용 하며 게임 내 경제를 형성했습니다. 이런 활동들은 단순한 게임 플레이를 넘어서 현실 세계의 사회적 활동과 유사한 경험을 제공합니다. 카트라이더 역시 레이싱 게임의 재미를 넘어 친구들과의 경쟁과 협력을 통해 강력한 커뮤니티를 형성합니다. 여기에 게임산업은 다른 인터넷 서비스 대비 수익모델이 비교적 명확하다는 장점이 있습니다. 이미 오락실에서 동전을 집어넣고 게임을 하던 생활 패턴은 게임을 돈을 내고 구매하는 데 저항감이 적습니다. 따라서 히트 게임을 하나 만들면 바로 수익으로 직결되며, 온라인 게임의 특성상 한계 비용(marginal cost) 낮기 때문에 영업 이익률이 50% 이상까지도 가는 장점이 있습니다. [그림 15]는 엔씨소프트의 주가 추이를 보여 줍니다.

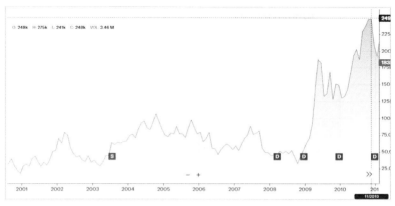

[그림 15] 엔씨소프트의 주가 추이(2001~2011)

일단 성공하게 되면 높은 영업 이익률 보장, 여기에 인터넷을 통한 손쉬운 글로벌 확장 가능성은 게임 산업으로 뛰어드는 경쟁자 수를 증가시키게 됩니다. 이에 게임 업체들은 수익모델을 변경하게 됩니다. 기존에는 게임 자체를 구매하는 방식이었다면, 이제 게임의 기본 기능은 무료로 이용할 수 있도록 하되, 게임 내의 아이템을 구매하도록 수익모델을 변경하게 됩니다. 이러한 변화는 게임 내 경제 활동의 활성화를 만들어 냅니다. 특히 리니지 같은 인기 게임들은 아이템 거래와 게임머니의 사용을 통해 현실 경제와 유사한 경제 시스템을 구축하게 되죠. 이 과정에서 게임 유저에게 게임 머니는 단순한 사이버 머니라는 개념을 넘어 실제 화폐와 교환할 수 있는 가치 있는 '자산'으로 인식되기 시작합니다. 아이템 거래는 게임 내에서 획득한 아이템을 다른 플레이어에게 판매하거나 교환하는 활동을 말합니다. 리니지에서는 강력한 무기, 방어구, 희귀 아이템 등이 높은 가치로 거래되었습니다. 이런 거래는 게임 내 경제 활동을 활성화했을 뿐만 아니라 실제 현금으로 거래되었죠. 플레이어들은 게임 내 아이템을 판매하여 실제 화폐를 받거나 반대로 실제 화폐를 사용하여 게임 내 아이템을 구매하는 형태로 거래를 진행합니다. 온라인 게임 사용자가 글로벌로 확대되면서 한국과 중국 간에 게임 머니와 아이템이 환치기 업자들의 매개 수단으로 활용되기도 했습니다. 2010년대 중반 이후 블록체인이라는 기술 기반에 비트코인이라는 가상 화폐라는 것이 나오고, 이 기술을 게임업계에서 받아들여 게임 내 코인을 발행하는 것은 이러한 생태계에 익숙한 사람들이 받아들이게 된 전초라고 볼 수 있습니다.

게임 분야는 음악 분야와는 다르게 새로운 영역이 개척되면서 더욱 성장하게 된 영역이라 볼 수 있습니다. 이렇듯 새로운 기술로 인해 예전에 불가능했던 것들이 가능해진다면, 그 부분에서 새로운 사업 기회가 나오고 대박의 투자 기회가 나올 수 있습니다.

- ## 아마존웹서비스(AWS)

인터넷 인프라가 깔리고 새로운 여러 서비스가 나오면서 새로운 골드러시 시대가 탄생하자, 여러 인터넷 서비스 스타트업들이 등장하게 됩니다. 이러한 스타트업들에게는 공통적으로 필요한 IT 인프라들이 있었습니다. 서버, 저장 장치, 안정된 전력 장치 등 필수적으로 구축해야 하는 장비들이 있었고, 또한 이를 안정적으로 운영을 해야만 했습니다. 이러한 것들은 초기 스타트업들에게는 투자 비용과 인건비 측면에서 부담으로 작용했습니다. 당장 서비스를 출시해서 가입자를 모으고 매출을 일으켜야 하는 마당에 이러한 초기 투자와 운영 비용은 부담으로 다가왔습니다. 아마존은 이러한 시장의 필요성을 놓치지 않았습니다. 이에 아마존은 아마존웹서비스(AWS)라는 서비스를 출시했는데, 이는 인터넷 스타트업들에 필수적인 IT 인프라를 표준화된 형태로 규격화한 후 사용한 만큼만 돈을 지불하는 클라우드 방식으로 제공하는 서비스였습니다. 골드러시 시대에 청바지를 팔아서 돈을 벌었던 리바이스와 유사한 사업이라고 봐도 좋고, 요즘으로 따지면 스타트업들에게 필요한 사무 공간을 제공해 주는 위워크와 같은 공유 오피스 사업과 비슷하다고 볼 수 있습니다.

아마존웹서비스는 아마존의 사업 다각화 전략 중 하나로, 2006년 첫 서비스를 시작하며 클라우드 컴퓨팅 시장을 선도합니다. 아마존웹서비스는 초기부터 유연한 확장성, 높은 안정성 그리고 다양한 서비스를 제공하여 고객의 요구를 충족했죠. 이를 통해 아마존은 단순한 온라인 소매업체를 넘어 IT 인프라 시장의 거대한 플레이어로 변신하죠. 아마존웹서비스는 클라우드 인프라 시장에서 여전히 강력한 지배력을 유지하고 있으며, 2023년 3분기 기준 시장 점유율은 31%에 달합니다. 이는 가장 가까운 경쟁자인 마이크로소프트의 애저(25%)와 구글의 클라우드(10%)를 크게 앞서는 수치입니다. 아마존웹서비스의 성장세는 재무 성과에서도 잘 드러납니다. 2022년 800억 달러가 넘는 매출을 기록하며 지난 10년 동안 꾸준한 성장을 보여 주면서 지금은 아마존의 주된 수익원이 커머스가 아니라 바로 아마존웹서비스입니다.

아마존웹서비스는 인프라 분야에서의 파생 모델이라고 볼 수 있습니다. 시스코사가 만든 라우터가 네트워킹을 위한 연결 인프라를 제공했다면, 아마존웹서비스는 IT 스타트업 회사들에게 서버와 같은 IT 인프라를 편리한 방식으로 제공한 모델입니다. 제 개인적으로는 이러한 클라우드 컴퓨팅 모델의 이만한 성장성을 예상하지는 못했습니다. B2B 사업의 특성상 안정적인 수익을 낼 수 있을 것이라는 장점은 예상 가능했으나, 과연 슈퍼리치의 기회까지 제공할 수 있을 것인가에 대해서는 의문이 있었습니다. 왜냐하면 클라우드 컴퓨팅을 활용하는 기업들의 데이터 보안 이슈라는 치명적인 문제를 내포하고 있었고, 어느 정도 성공한 IT 기업들은 비용 문제로 인하여 자체 데이터 센터를 구축하였기에 폭발적 성장을 예상하기는 어려웠습니다. 그러나 IT 스타트업들이 글로벌 규모로 계속 생겨나고, 망해서 나간 스타트업들의 숫자를 새로운 스타트업들이 메워 주면서 이 사업은 지속적으로 성장하게 됩니다.

참고로 클라우드 컴퓨팅 서비스의 성장에 시너지(synergy) 효과를 내준 또 다른 요인이 있다고 보는데, 저는 바로 오픈소스라고 생각합니다. 오픈소스는 전 세계 개발자들이 상호 검증을 하면서 괜찮은 소프트웨어를 공유하는 방식으로 축적되어 있는 프로그램 소스코드입니다. 오픈소스 자체는 완벽하게 동작하지는 않지만, 대략 70~80% 정도는 완성이 되어 있는 상태여서 이걸 가져다가 본인이 20%~30%만 추가해서 완전한 동작을 하도록 만들 수 있습니다. 실제 개발자들과 인터뷰를 해 보면 1년 반 정도 걸릴 일을 6개월 정도 만에 끝낼 수 있게 되었다고 합니다. 아마존웹서비스와 같은 클라우드 컴퓨팅의 고객 가치는 단순한 편리성뿐만 아니라 바로 시간 절약입니다. 서버 구매 및 구축, 기본 SW 설치 등등 몇 개월까지 걸릴 수 있는 일을 몇 시간으로 줄여 주는 가치입니다. 이 두 가지의 결합은 여러 스타트업들이 이런저런 다양한 시도를 빨리해 볼 수 있는 기회를 제공하게 되며, 이러한 시도를 해 볼 수 있는 마당을 제공해 주는 아마존웹서비스와 같은 서비스가 더 활성화될 수 있는 데 기여했다고 봅니다.

이렇듯 새로운 기술로 인해 펀더멘탈(Fundamental)이 변화하는 시기에는 부수 효과(side-effect)로 인해 영향을 받는 파생 영역에서도 큰 기회가 올 수 있습니다. 인공지능도 이러한 변화를 수반할 정도의 근본적인 변화를 만들어 낼 것입니다. 이제부터는 모바일 혁명 시기의 교훈을 살펴보겠습니다.

모바일 혁명 시대의 사례와 교훈

모바일 시기는 아이폰이 시장에 도입된 2008년 이후, 한국에는 2010년 이후로 볼 것입니다. 이 시기 이후는 PC와 피처폰 중심으로 움직이던 시장이 스마트폰을 중심으로 완전히 넘어갔습니다. 여러 선도 업체들이 'Mobile First'를 외치던 시기였습니다. 이 시기의 주요 사례들과 기저에 흐르는 전략적 메시지들을 살펴보겠습니다.

- **모바일 혁명 시대 키워드: '개인화'**

모바일 혁명 시기에도 새로운 인프라가 등장했고, 여기에 추가로 연결할 수 있는 정보들이 결합하면서 새로운 기회들이 찾아왔습니다. 모바일 혁명의 대표적인 인프라는 바로 스마트폰과 LTE 및 와이파이와 같은 고속 무선 통신 기술입니다. 스마트폰이 가진 잠재력은 터치 인터페이스 도입으로 인한 사용성 개선으로 이용자 확대, 카메라 성능 개선으로 인한 영상의 고품질화, 표준화된 고속 무선 통신으로 인한 글로벌 수준의 로밍 환경, 개인의 TPO(시간, 장소, 경우) 정보를 추가로 다룰 수 있게 된 환경 변화를 내포하고 있습니다. 웹 혁명 시기의 주요 디바이스(Device)가 PC였다면 모바일 시기는 스마트폰인데, 이 두 디바이스의 가장 큰 차이점은 각 개인과 붙어 있는 시간입니다. 즉, 더 많은 사용자들이 인터넷 연결에 참여할 수 있으며, 전 세계 어디로 이동하든 개인별로 필요한 서비스들을 이용할 수 있게 된 상황이 마련된 것입니다. 이는 다른 각도에서 본다면 각 개인별로 추가로 더 많은 데이터가 생성된 것이며, 이는 개인화된 정보들의 새로운 연결을 통해 추가적인 가치를 생성해 낼 수 있는 환경이 갖춰진 것입니다. 즉, 이제는 개인 레벨로 좀 더 세분화되어 데이터가 축적되는 동시에 개인이 진정한 프로슈머(Prosumer)가 될 수 있는 기회가 된 것입니다. 웹 혁명 시기의 핵심 키워드가 '연결'이었다면, 모바일 시기의 핵심 키워드는 '개인화'로 잡은 이유입니다. 이러한 개인화를 각자의 방식대로 해석하여 사업에 적용한 기업들은 새로운 성장을 만들어 냈고, 또 다른 슈퍼리치의 기회들이 제공되었습니다. 이제 새로운 인프라와 서비스 분야별로 그 교훈들을 살펴보겠습니다.

모바일 인프라 업체들이 제공하는 인사이트

- **수직계열화 전략: 애플**

모바일 인프라를 제공하면서 모바일 시대를 열어 준 회사는 바로 애플입니다. 사실 애플은 지금까지도 더는 설명이 필요 없는 회사죠. 아이폰이 출시된 이후 세상이 바뀌었다고 해도 과언이 아닙니다. 미국 주식 시장에서 오랫동안 시총 1위를 한 회사이며, 워런 버핏이 가장 많이 들고 있는 주식이기도 하죠.

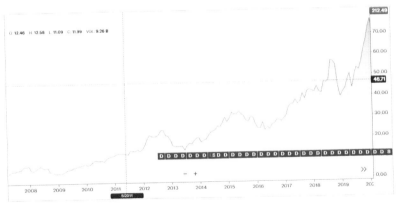

[그림 16] 애플 주가 차트(2008~2020)

애플 주가 차트는 참으로 멋진 그래프가 아닐 수 없습니다. 2007년으로 시간을 거슬러 올라가 봅시다. 과연 그때 애플 주식을 사서 지금까지 들고 올 수 있을까요? 부연 설명을 해 보자면 아이폰 이전에도 시장에는 스마트폰이라 불리는 전화기들이 있었습니다. 블랙베리, 마이크로소프트의 OS, 노키아 심비안폰 등 음성 전화를 넘어서 별도의 운영 체제를 탑재하고 다기능을 담은 핸드폰입니다. 그리고 한국의 피처폰에서는 GVM 등 미들웨어를 탑재하여 게임을 할 수 있었습니다.

그런데 왜 아이폰이 모바일 혁명을 이끈 선두 주자가 되었을까요? 단순히 터치 인터페이스가 참신해서? 디자인이 예뻐서? 마케팅을 잘해서? 아마 이 주제만 가지고도 여러 논문이 나올 겁니다. 물론 가장 기본적인 것은 아이폰 자체의 경쟁력입니다.

2007년 아이폰을 처음 발표하던 스티브 잡스의 영상은 아직도 유튜브에서 찾아볼 수 있습니다. 스티브 잡스는 아이폰을 아이튠즈(iTunes), 폰(phone), 모바일 커뮤니케이터(mobile communicator)라는 세 가지 기능을 동시에 제공하는 폰이라고 소개합니다. 소비자 입장에서 매력적으로 느낄 가치를 명확히 보여 주었죠. 그리고 가격은 별도의 기계를 각각 사는 것보다 싸다는 것을 강조합니다. 이것이 아이폰이 자체적으로 가진 경쟁력입니다. 약간 비싼 한 대의 가격에 핵심 기능은 둘 이상. 그전까지 다른 스마트폰들은 수직적 시장(Vertical Market, 특정 영역이나 기능을 중심으로 하는 시장)에 집중해서 시장에 자리 잡고 있었습니다. 블랙베리는 기업용 이메일 등에 특화되었고, 마이크로소프트의 Smartphone OS는 MS오피스 기능의 모바일 사용에 중점을 두었습니다. 일반적으로는 각자 다른 영역에서 자리 잡고 시장을 분할해서 살아갈 가능성이 큽니다. 아이폰이 물론 경쟁력이 있으나, 이것만으로는 시장을 완전히 바꾼 경쟁력을 설명하기는 어렵습니다.

그럼 시장을 완전히 혁신한 경쟁력은 무엇일까요? 다양한 원인을 찾을 수 있겠지만 저는 애플이 기존에 가지고 있던 아이튠즈와 아이팟의 영향력이라고 생각합니다. 애플은 이미 아이팟이라는 MP3 플레이어로 시장 점유율에서 우위에 있었고, 아이튠즈라는 음악 서비스 플랫폼까지 있었습니다. 여기에다 2000년대 중반 아이팟 터치라는 제품을 내놓으면서 통신 기능은 없지만 전면 스크린을 가진 스마트폰 형태의 디바이스를 출시하고 앱스토어라는 앱 유통 플랫폼을 구축하고 있었습니다. 즉, 다른 수직적 시장의 기능들을 앱이라는 형태로 흡수한 확장 가능한 앱 개발 환경과 그 유통 플랫폼인 앱스토어는 확장력의 끝판왕이었던 것입니다. 이 생태계는 이미 아이폰 출시 전부터 있었습니다. 아이폰의 폭발력은 이미 몇 년 전부터 준비되어 있었다고 이야기하고 싶은 겁니다.

즉, 애플은 깔끔한 하드웨어부터 iOS로 불리는 운영 체제와 여기에 음악과 앱 유통 플랫폼까지 수직계열화가 완성되어 있는 업체였습니다. 이러한 수직계열화는 사업의 신성장 초기에 어마어마한 경쟁력을 발휘합니다. 만약 다른 업체들이 서로 제휴나 협력의 형태로 진행이 된다면, 중간중간 발생하는 이해관계 충돌이나 다른 회사이기 때문에 발생 가능한 전략 방향 불일치 등의 문제, 그리고 각 요소 간의 비용 배분 이슈로 인하여 일관된 힘을 내기 어렵습니다. 하지만 핵심 요소들을 모두 내재화하여 수직계열화된 상태가 된다면 경쟁 초기 시장 점유율을 높여 갈 때 매우 유리합니다. 하드웨어와 운영 체제를 통합하여 최적화를 진행할 수 있게 되어 배터리 등의 자원을 효과적으로 사용할 수 있게 되어 하드웨어 스펙(Specification)이 약간 떨어져도 경쟁 제품 대비 우월한 성능을 낼 수도 있습니다.

인공지능 기업 중에도 인공지능 소프트웨어와 하드웨어까지 결합하여 수직계열화를 완성하려는 업체가 있다면 이 업체는 초기 시장을 선점하고 시장을 선도할 가능성이 높습니다. 수직계열화 측면에서 보면 자동차 및 로봇과 결합하고 자체적인 인공지능 기술을 축적하는 테슬라가 하나의 후보가 될 수 있습니다만, 자동차와 로봇이라는 하드웨어는 다른 장애 요인들을 내포하고 있는 문제가 있습니다. 이는 6장에서 좀 더 다룰 예정입니다.

> 아이폰이 출시되기 전에 소프트뱅크 손정의 회장이 스티브 잡스를 찾아가서 아이팟 터치에 모뎀통신 기능을 넣어서 전화기로 만들면 일본에서 유통하겠다고 제안했는데, 스티브 잡스가 극비리에 준비하고 있던 아이폰 계획을 보여 주었다고 합니다. 서로 알아보고 소프트뱅크가 일본 내 아이폰 유통 독점권을 가져갔다는 일화가 있습니다.

- **패스트 팔로어(Fast-follower) 전략: 애플의 빈자리를 차지한 구글과 삼성**

애플은 소위 말하는 고급화 전략을 펼쳤습니다. 아이폰은 기존의 피처폰보다 더 비쌌으며, 고급스러운 경험을 선사하기 위해 노력했습니다. 아이폰의 유통 전략도 기존과는 완전히 다르게 실행했습니다. 소비자가를 고정한 것이죠. 피처폰 시절에는 일반적으로 통신사들의 보조금에 따라 핸드폰 가격이 등락하던 시기였는데, 가격 정책을 애플이 결정한 겁니다. 그리고 광고와 홍보 방식도 모두 애플이 결정했습니다. 이전까지는 단말기 제조사와 통신사가 서로 협력하는 관계였다면 애플은 통신사와 전쟁하는 방식을 택했습니다. 우리 제품과 철학을 건드리지 말라는 거죠. 아마 스티브 잡스의 성향과도 관련 있을 것이고, 아이폰의 물량 수급 문제도 있었을 겁니다. 이렇게 되면 각국 1위 통신사들은 상대적으로 아이폰을 들여오기가 어렵습니다. 일본에서는 소프트뱅크와 애플이 손을 잡고, 국내에서는 KT가 애플과 손잡고 아이폰을 초기에 독점 공급합니다. 여기에 KT의 강점이었던 와이파이망을 활용하여 시장을 잠식해 나갑니다. SK텔레콤의 VIP 고객들이 이때 상당히 넘어갔습니다.

이러한 상황이 되니 아이폰의 독점을 깰 수 있는 유사한 가격대의 제품에 대한 필요성과 낮은 가격대의 스마트폰에 대한 필요성이 대두되게 됩니다. 이러한 시장을 파고든 것이 바로 삼성과 구글 그리고 각국의 1위 통신사들의 연합이었습니다. 삼성전자와 구글이 긴급히 협력하여 갤럭시 S 제품을 출시합니다. (삼성전자가 그 전에 갤럭시 A라는 제품을 준비하고 있었으나 이건희 회장님께서 갤럭시 S를 6개월 안에 출시하라는 지시를 하셨다는 소문이 돌았습니다. 이에 다른 제품들의 출시 계획을 전면 수정하여 긴급하게 출시하게 되었다고도 합니다. 시간이 지나고 보면 최고 경영자의 의사 결정이 얼마나 중요한지 알 수 있습니다.) 여기에 구글은 안드로이드를 오픈소스로 공개합니다. 아이폰이 만든 스마트폰 시장에 따라올 후발 단말 제조업체들을 끌어들여 안드로이드 생태계를 빨리 확장시키기 위함이었습니다. 그리고 구글 Play(안드로이드 단말기에 탑재되어 있는 앱스토어)에 올리는 앱들에 대해 한시적으로 수수료 무료 정책도 폈습니다. 후발 주자 입장에서 패스트 팔로어(Fast-follower) 전략을 제대로 사용하기 위해 저항이 될 수 있는 요소들을 제거한 것입니다.

그리고 SK텔레콤과 같은 통신사들까지 한시적이나마 무제한 데이터 요금제를 출시하여 갤럭시 S를 시장에서 드라이브합니다. 이렇게 시장에 안드로이드를 탑재한 갤럭시 S가 확산되자 안드로이드용 앱 제작자들이 늘어나면서 애플의 앱스토어와 경쟁할 수 있는 생태계가 만들어지게 되죠. 이 과정에서 스티브 잡스가 안드로이드를 보고 욕을 했다는 소문이 들리기도 했습니다. 갤럭시는 애플에게 디자인 도용으로 소송을 당하고 카피캣이라는 놀림을 당했죠. 하지만 삼성전자와 구글은 갤럭시 S 시리즈를 통해 패스트 팔로어(Fast-follower) 전략으로 애플을 따라가서 스마트폰 시장을 양분하고 살아남았습니다. 그러나 노키아, LG전자와 같은 기존 피처폰 제조사들은 경쟁력을 잃고 망하고 말았습니다. 마이크로소프트가 노키아를 인수하면서 제3

세력으로 키우려고 했으나, 그때는 이미 너무 늦었습니다.

인공지능 분야는 지금 수많은 패스트 팔로어들이 등장하여 오픈 AI를 따라가고 있습니다. 각자의 차별화된 전략으로 시장을 분점하는 상황이 발생할 것입니다. 누가 승자가 될지 판단하는 것은 아직은 쉽지 않습니다만, 승자가 되기 위한 조건은 알 수 있습니다. 6장에서 이에 대해서도 다루겠습니다.

• 새로운 과금 전략: 개인형 클라우드 서비스 및 프리미엄(Freemium)

스마트폰이 확산되면서 여러 개인 데이터들이 지속적으로 생성되는 환경이 조성되었습니다. 그중 용량이 큰 대표적인 것들이 바로 사진과 동영상입니다. [그림 17]은 모바일 혁명 이후 지속적으로 늘어나는 데이터 양을 보여 주는 그래프입니다. 일반적으로 사진과 동영상이 데이터에서 차지하는 비중이 큰데, 그중에서 스마트폰의 보급이 확산되면서 개인들이 생성하는 데이터의 비중이 점차 커지게 됩니다. 그리고 그 생성되는 데이터의 양은 지금까지도 지속적으로 증가하고 있습니다.

애플과 같은 회사들은 이렇게 증가하는 개인 데이터에 대처하고 아이패드, PC 등 멀티 디바이스 이용 환경이 확산되면서 고객들의 편의성을 높이기 위해 아이클라우드(iCloud)라는 개인 데이터 저장 클라우드 서비스를 제공합니다. (그 이전에도 드롭박스(Dropbox)와 같은 퍼

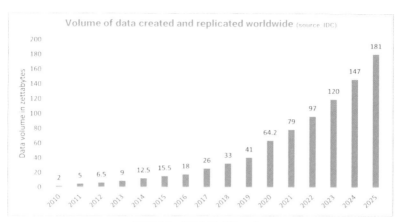

[그림 17] 데이터 증가량 그래프

스널 클라우드 서비스들이 있었습니다만, 완전히 대중화되지는 못했습니다. 그만큼 많은 데이터들을 클라우드에 저장해야 하는 필요가 그리 크지 않았기 때문입니다.) 그리고 여기에 어느 용량 이상을 쓸 때부터 과금을 하는 Freemium(초기 일정 용량은 무료, 그 이상은 유료화) 방식을 도입하여 고객을 락인(lock-in) 시키면서도 추가적인 수익을 창출하는 모델이 등장하였습니다.

애플이 가져온 또 다른 파급 효과는 애플의 앱스토어가 가져온 소프트웨어 유통 구조의 혁신입니다. 과거에는 소프트웨어를 사용하기 위해 CD, DVD, USB 등 물리적 매체를 사용해야 했습니다. 그런데 앱스토어는 인터넷을 통해 간편하게 소프트웨어를 다운로드하고 설치할 수 있는 환경을 제공했죠. 소프트웨어 개발자와 사용자 모두에게 큰 이점이었고, 새로운 시장이 생겨납니다. 앱스토어는 개발자에게는 글로벌 시장에 접근할 수 있는 플랫폼을 제공하고, 사용자에게는 다양한 앱을 쉽게 발견하고 설치할 수 있는 기회를 제공했어요. 이런 변화로 소프트웨어 유통의 편리성과 효율성이 높아졌고, 디지털 경제가 성장했습니다. 여기에 소프트웨어를 구독 형태로 이용할 수 있는 SaaS(서비스형 소프트웨어)까지 등장합니다. 이로써 소프트웨어 제조업체들의 불법 복제 문제를 해결하고 유통 비용을 줄여서 이익률을 높일 수 있는 기반이 되었죠. 이에 따라 서비스형 소프트웨어(SaaS) 업체들의 수익성이 올라가게 됩니다. 이러한 변화는 SaaS형 소프트웨어도 기본 기능은 무료로 제공하면서 특정 유용한 기능을 사용하거나 일정 횟수 이상을 사용할 때부터 과금을 하는 Freemium 방식이 도입되었습니다.

이러한 Freemium 과금 방식은 과다한 초기 비용 때문에 기존에 접근하기 어렵던 고객층까지 접근할 수 있게 만들어서 모바일 시대 이후 새롭게 등장한 거의 모든 소프트웨어형 서비스 사업자들의 기본적인 수익모델 형태가 되었습니다.

모바일 서비스 제공 업체들이 제공하는 인사이트

• **새로운 데이터 결합의 대박 기회: 우버와 타다의 교훈**

우버(Uber)는 위치 정보를 결합한 혁신적인 서비스로, 새로운 가치를 창출하고 기존 시장의 비효율을 개선시키면서 새로운 고객 가치를 창출했습니다. 우버는 승객과 기사의 위치 정보를 실시간으로 결합하고, 여기에 지도 정보를 추가하여 택시 호출 시스템을 혁신했습니다. 과거에는 택시를 잡기 위해 길가에서 기다리거나 전화로 예약하더라도 대기 시간에 대한 정보 부재로 불편함을 겪어야 했습니다. 그런데 우버는 스마트폰 앱을 통해 승객이 자신의 위치를 입력하면 가장 가까운 기사와 즉시 연결하는 시스템을 도입했습니다. 여기에 지도 위에 위치 정보를 표시함으로써 승객은 탑승에 대한 예측 가능성을 높이면서 편리하게 택시를 이용할 수 있게 되었고, 기사는 승객을 효율적으로 찾을 수 있게 된 것이죠. 이런 위치 정보의 결합은 단순한 편의성 제공을 넘어서 새로운 경제적 가치를 창출합니다. 우버는 승객과 운전자 모두에게 더 나은 경험을 제공하며 기존 택시 산업에 큰 변화를 불러오게 되었죠. 미국의 우버를 비롯한 동남아의 그랩(Grab)

등 여러 지역의 유사한 서비스들은 큰 성공을 거두었습니다.

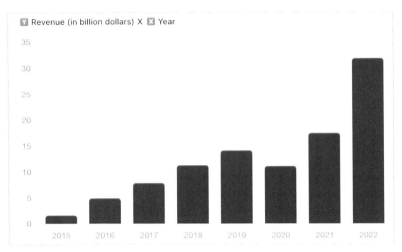

출처: *Uber 2022 Financial Report, Uber's Annual Revenue (2015~2022)*

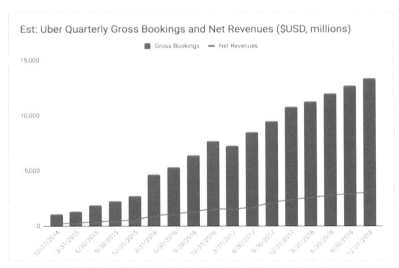

출처: *https://www.rocketblocks.me/blog/uber-metrics.php*

[그림 18] 우버 서비스의 성장세 그래프

한국 시장에서도 카카오 택시와 같은 서비스가 유사한 위치에 올랐습니다. 하지만, 타다는 유사한 서비스였지만, 시장에 안착하는 과정에서 장애물이 있었습니다. 미국 시장은 자가용으로 이동하는 것이 매우 기본적인 생활 패턴이고, 땅이 넓어서 기본적으로 택시 숫자가 상대적으로 부족한 상황이었습니다. 따라서 기존 택시 산업과의 이해관계 충돌 가능성이 상대적으로 낮았습니다. 이에 비해 한국은 택시 서비스의 공급이 그리 부족한 편은 아니었습니다. 그나마 카카오 택시는 기존의 택시 업계와 협력하는 방식으로 택시 기사 입장에서의 비용 개선 효과-승객을 찾아다니기 위해서 버려야 하는 기름값 등-가 있었기 때문에 비교적 쉽게 시장에 안착할 수 있었습니다. 하지만 타다는 접근 방식이 좀 달랐습니다. 카니발이라는 넓은 차를 이용하여 택시 서비스의 품질을 높이는 새로운 서비스로 접근했는데, 고객들의 반응은 좋았으나, 일종의 규제 사각지대를 찾아 택시와 유사한 서비스를 제공한 것입니다. 이는 바로 택시업계와의 전면전을 선포한 것이나 다름이 없었습니다. 이 법률적 해석을 두고도 사람들마다 입장이 달랐습니다. 과거의 규제가 새로운 서비스의 발전을 막아서는 안 된다는 입장과 그래도 편법은 안 된다는 입장의 차이가 부딪혔습니다. 보통 이러한 두 가지 가치가 충돌할 때는 발전적 방향으로 여론이 흘러가면서 결론이 나는 것이 일반적입니다. 특히 새로운 도전자가 스타트업이고 기존 기득권층이 대기업이라면 거의 100% 도전자 쪽에 유리한 방향으로 결론이 나는 경향이 있습니다. 하지만 이 경우는 택시 기사와 타다 기사의 이해관계 충돌, 소위 말하는 을과 을의 충돌로 프레임이 잡혔습니다. 개인택시는 오랜 기간 택시 기사를 하며 면허를 받은 나이 든 사람들이고, 그 면허 자체가 퇴직금 조로 거래가 되는 상황이었고, 법인 택시 회사도 택시 기사를 제대로 구하지 못해 어려움을 겪고 있는 상황이었습니다. 이러다 보니 한 TV 프로그램에서는 타다 기사와 택시 기사를 양측 대표처럼 불러서 서로 입장을 들어 보는 식으로 구성해서 방송한 적도 있었습니다. (개인적으로는 이러한 프로그램은 타다 회사와 택시 회사 대표를 불러서 붙였어야 한다고 봅니다. 물론 섭외가 쉽지 않았겠지만.) 이러한 을과 을의 이해관계 충돌은 풀어내기가 매우 어렵고, 특히 규제가 약자를 보호하는 방향의 규제일 때는 해당 규제를 회피하거나 깨기 어렵습니다. 즉, 기본적으로 같은 구조의 서비스라도 상황 및 지역에 따라 그 성장성에 차이가 존재할 수 있다는 점은 기억해야 합니다.

• 잉여 정보 재활용도 수익으로: 에어비앤비와 당근마켓

에어비앤비는 숙박 공유 플랫폼으로, 여행자와 숙박 제공자를 연결하는 새로운 방식을 제시했습니다. 전통적인 호텔 예약 시스템은 가격이 비싸고 선택의 폭이 제한적이었습니다. 그런데 에어비앤비가 전 세계에 숙박이 가능한 개인 소유 시설을 여행자에게 제공함으로써 기존에 존재하던 공실 공간을 경제 시스템으로 포함시켜서 비효율을 개선하죠. 여행자는 다양한 가격대와 스타일의 숙소를 선택할 수 있게 되었고, 숙박 제공자는 자신의 공간을 활용해 추가 수익을 창출할 수 있게 되었습니다. 이는 기존 호텔 산업의 경직된 구조를 변화시키고 유휴 자원을 효율적으로 활용하도록 이끌었죠. 국내의 야놀자, 여기어때와 같은 서비스도 유사한 포지션입니다. 위치 정보를 결합하여 편리하게 다양한 숙박 형태를 예약 가능하게 만든 서비스는 숙박 산

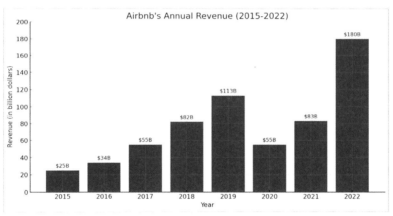

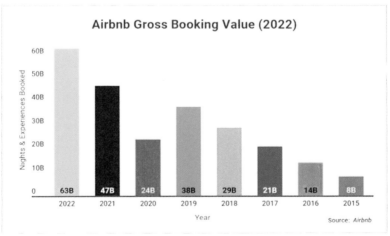

[그림 18] 에어비앤비 서비스의 성장세 그래프

업의 패러다임을 바꾸며, 더 많은 선택지와 유연성을 사용자에게 제공했습니다.

호텔과 같은 숙박업도 면허를 받아야 하는 서비스입니다. 하지만 에어비앤비 서비스는 타다와는 다른 측면이 있습니다. 그건 바로 호텔은 상대적으로 대기업이 하는 서비스라는 점입니다. 이로 인해 상대적 약자인 개인들의 방을 숙소로 제공할 수 있도록 지원하는 약자를 위한 서비스로 포지셔닝이 가능한 에어비앤비 부류의 서비스는 상대적으로 규제로 인한 성장성의 제약이 약합니다. 따라서 타다보다는 야놀자와 같은 서비스가 투자 대상으로서는 더 적당합니다.

이와 유사한 서비스들이 모바일 시대 이후로 정말 많이 등장했습니다. 당근마켓은 개인이 보유한 잉여 자원을 타인과 거래할 수 있도록 만든 서비스이고, 크몽은 개인 프리랜서 전문가가 가진 잉여 시간을 수요자와 연결시켜 주는 서비스입니다. 주차 서비스, 세탁 서비스, 배달 서비스들도 모두 개인이나 개인 사업자들의 보유한 잉여 자원을 연결시켜 주는 서비스로 시장에서 자리를 잡아 큰 투자를 유치하면서 지금도 유지되고 있습니다. 이러한 서비스들은 벼룩시장처럼 이미 존재하던 사업을 모바일로 전환하여 좀 더 편리하고도 효율적으로 제공하여 성공한 사업이라고 볼 수 있습니다. 즉, 인프라의 변경으로 인해서 새로운 데이터를 처리할 수 있게 되었을 때 기회가 나온다고 볼 수 있습니다.

• 진정한 파괴적 혁신이 주는 슈퍼리치 기회: 카카오톡

카카오톡은 처음 등장했을 때 통신회사의 문자 메시지 대체재로 인식되었습니다. 스마트폰이 보급되자 카카오톡은 데이터 통신 기반의 메시지 서비스를 무료로 메시지를 주고받을 수 있었기 때문에 많은 사용자가 편리한 카카오톡을 선호하게 되었죠. 카카오톡의 무료 메시지 서비스는 큰 장점이긴 했지만, 통신사들도 이에 대응하기 위해 결합요금제를 내놓았습니다. 음성통화와 일정량의 문자 메시지를 무료로 제공하는 요금제를 내놓아 스마트폰 요금제에 가입하기만 하면 문자 메시지를 요금에 신경 쓰지 않고 이용할 수 있게 만들었습니다. 사용자들이 카카오톡으로 완전히 전환하지 않도록 유도한 것이죠. 이런 대응책은 일정 부분 효과가 있었지만, 근본적인 문제를 해결하지는 못했습니다.

그렇다면, 이미 기존 시장을 장악하고 있던 문자 메시지 서비스를 이겨 낼 수 있었던 차별화 요인은 무엇이었을까요? 다른 이견이 존재할 수 있겠으나, 그 핵심 중 하나는 '단톡방'이라는 기능입니다. 단톡방은 주소록 정보를 활용하여 손쉽게 여러 명이 동시에 대화할 수 있는 공간을 제공해서 사용자들이 그룹 대화를 쉽게 할 수 있게 했죠. 이는 기존 문자 메시지 서비스가 제공하기 어려운 기능이었고 카카오톡의 가장 큰 기능적 차별화 요소였습니다. 친구, 가족, 동료들과 단톡방을 통해 소통하고 정보와 의견을 나누는 데 있어 매우 편리한 기능이죠. 마치 이메일이 처음 도입되었을 때, '전체 회신'이라는 기능과 유사한 장점입니다. 이런 차별화 포인트는 사용자들 사이에서 빠르게 인기를 끌었고, 카카오톡의 확산을 가속했습니다. 경쟁재나 대체재가 제공할 수 없는 기능이 있을 때 시장의 승부는 급속히 결정되기 마련입니다. 카카오톡은 단톡방이라는 기능을 통해 사용자들을 빠르게 확보하며 시장에서 우위를 점하게 되었죠.

　사실 카카오톡 초기에는 통신사들에게도 메신저 서비스를 장악할 수 있는 기회가 있었습니다. 실제로 SK텔레콤 연구소에서는 2000년대 후반에 카카오톡과 유사한 서비스를 개발했었습니다. 그리고 SK그룹은 네이트온이라는 유선 기반의 메신저 서비스를 가지고 있었습니다. 실제로 김범수 의장님도 네이트온을 가장 강력한 경쟁 후보로 초창기에 생각하셨다고 합니다. 그러나 문자 메시지 서비스의 매출 감소를 우려하여 카카오톡 서비스의 확산을 보고 있으면서도 제대로 대응을 하지 못했습니다. 문자 메시지의 수익이 중요한 매출원 중 하나였던 통신사들은 무료 메신저 서비스의 확산이 자기 잠식(self-cannibalization)을 초래할 것을 두려워하여 이미 개발해 놓은 서비스도 버리고, 이미 가지고 있던 강력한 메신저 서비스도 활용하지 못했습니다. 오히려 카카오톡은 수익모델이 없으니 저 서비스 운영을 위한 비용을 감당하기 어려울 것이고, 곧 망할 것이라는 예측을 하는 사람도 있었습니다. 이런 이유로 통신사들은 적극적으로 대응하지 못했고, 결국 카카오톡은 네트워크 효과를 달성할 수 있는 임계점을 넘는 가입자를 확보하게 되었고, 이를 바탕으로 플랫폼으로 변신을 하게 됩니다. 플랫폼 사업자로 변신한 카카오톡은 여러 성질이 다른 플레이어들을 붙여 가면서 수수료 취득 모델을 발굴하여 모바일 혁명 시대의 대표 회사로 성장을 하게 됩니다.

이런 현상을 경영학에서는 파괴적 혁신이라고 부릅니다. 기존의 상품을 대체하는 기능을 가지면서도 경쟁 구도가 아예 다르게 바뀌어 기존 사업자들이 제대로 대응하지 못하는 방식을 말합니다. 디지털카메라가 도입되면서 필름 카메라 회사들이 망하게 된 케이스와 유사합니다. 즉, 새롭게 등장한 서비스가 기존 사업자들의 수익모델 자체를 붕괴시키면서 시장에 확산될 경우에는 슈퍼리치가 될 수 있는 기회를 제공합니다.

모바일 혁명의 2차 웨이브

• 홍수에 마실 물이 없습니다?

넷플릭스와 유튜브는 대표적인 뉴미디어 기업입니다. 넷플릭스는 비디오 대여 시장을 온라인으로 가져와서 성공한 업체입니다. 오래된 영화와 드라마를 싼값에 들여와서 개인 취향에 잘 맞는 드라마를 추천해서 시장에 안착하였습니다. 그리고 이 성공을 바탕으로 드라마 제작에도 큰 손으로 영향력을 미치고 있습니다. 이에 비해 유튜브는 개인들이 창작해서 만든 UCC(User Created Contents) 영상들을 서비스하는 기업입니다.

이 두 회사의 공통점은 모바일 시대가 오면서 개인 레벨의 영상 소비가 가능해진 환경에서 개인화 알고리즘을 통해 차별화를 이루고 더욱 큰 성공을 거두었다는 것입니다. 특히 넷플릭스는 사업 초기부터 사용자 맞춤형 추천 시스템을 구축했습니다. 넷플릭스의 추천 알고리즘은 사용자의 시청 패턴을 분석하고, 비슷한 취향을 가진 다른 사용자의 시청 데이터를 활용하여 개인 맞춤형 콘텐츠를 추천합니다. 이를 통해 사용자는 무수히 많은 선택지 속에서 자신이 좋아할 만한 콘텐츠를 빠르게 찾을 수 있게 되었고, 이는 사용자가 새로운 콘텐츠를 탐색하는 데 드는 시간을 줄이고 플랫폼에 머무르는 시간을 늘리는 효과를 가져왔죠. 이런 식으로 수많은 영화와 드라마들을 보면서 고객은 넷플릭스 월정액 서비스에 가입하고 유지할 만한 효용을 느낄 수 있었습니다. 넷플릭스는 여기에 그치지 않았습니다. 개인들의 시청 결과를 바탕으로 새로운 드라마를 만드는 데도 이러한 정보를 활용했습니다. 즉, 인기 있는 드라마나 영화의 패턴을 파악하여 이를 새로운 드라마를 만드는 데 활용을 한 것입니다. 어찌 보면 인공지능이 만들어 갈 미래의 모습을 넷플릭스가 미리 보여 준 것으로 생각할 수 있습니다. 앞에서 인공지능이 하는 일이 패턴을 찾는 것이고, 이렇게 학습한 패턴을 활용하여 생성형 AI에서 결과를 만들어 내는 방식을 넷플릭스가 미리 보여 준 것입니다.

유튜브 역시 개인화 알고리즘을 통해 사용자의 시청 경험을 최적화하는 데 성공했습니다. 유튜브의 추천 알고리즘은 사용자가 시청한 비디오, 검색한 키워드, '좋아요'를 누른 비디오 등을 분석하여 사용자가 관심을 가질 만한 비디오를 추천합니다. 사용자는 자신의 관심사에 맞는 다양한 콘텐츠를 쉽게 접할 수 있어서 참여도와 체류 시간이 증가했습니다. 이 효과는 유튜브가 개인이 사용하는 앱 중에 가장 많은 시간을 사용하는 앱 1위에 오르도록 만들었습니다. 이는 유튜브의 광고 수익을 지속해서 상승하도록 만든 원동력이기도 합니다. 이런 개인화 알고리즘의 성공은 단순히 사용자 경험을 향상하는 데 그치지 않고 콘텐츠 제작자에게도 큰 혜택을 가져다주었습니다. 더욱 많은 사람들이 유튜브 콘텐츠를 제작해서 업로드하도록 만들었습니다. 개인화 알고리즘을 통해 더 많은 사용자가 자신의 콘텐츠를 발견하고 시청하게 됨으로써 콘텐츠 제작자는 더 많은 조회수와 수익을 얻을 수 있었으니까요. 이는 플랫폼과 콘텐츠 제작자 간의 상생 구조를 강화하고 더 많은 양질의 콘텐츠가 생산되는 선순환을 만들어 냈고, 이제는 사람들이 필요한 정보가 있을 때 구글에서 텍스트를 검색하지 않고 유튜브 영상을 검색하게 만드는 수준으로 발전하게 되었습니다.

- **새로운 세그멘테이션: 팬덤 시장**

기본적으로 모바일 혁명은 스마트폰의 기능 향상과 함께 일반인들도 프로슈머(Prosumer)가 될 기회를 만들어 주었습니다. 여기에 엔터테인먼트 사업의 확장과 함께 늘어난 아이돌 후보들 중 경쟁에 밀려난 사람들과 아프리카TV나 유튜브와 같은 미디어의 확장이 개인들의 미디어 채널 증가로 이어지게 되었습니다. 이는 인플루언서라 불리는 새로운 유명 인사를 만들어 내게 되었습니다. 기존 연예인이나 아이돌이 인지도 측면에서 수평적인 영향력을 미쳤다면, 인플루언서는 특정 분야에서 전문성과 차별화된 아이디어를 바탕으로 버티컬(vertical) 영역에서 인기를 모으며 영향력을 미치는 경우가 많습니다. 톱스타가 되지 못한 연예인 지망생 등 외모가 되지만 뜰 기회를 찾는 사람들이

나 골프 강사, 잘나가는 미용사, IT 기기 덕후 등 유용한 정보를 제공하는 사람들이 각각 개인 채널을 열면서 유명 인사가 되었고, 그들은 구독자 등 다른 사람들에게 영향을 끼치는 사람들이 되었습니다. 이들은 모바일 환경을 새로운 생산 도구로 잘 활용하는 방식으로 성장하였습니다. 스마트폰을 들고 길거리를 다니면서 라이브 방송을 만들어서 페이스북, 인스타그램, 유튜브와 같은 자신들의 채널로 송출하고, 직접 팬들과 소통하면서 새로운 콘텐츠를 만들기도 하게 되었습니다.

여기에 팬덤은 다른 측면에서 개인 간 연결의 확장으로 볼 수 있습니다. 모바일 시절 이전에도 연예인들의 팬클럽은 존재해 왔고, 소위 말하는 '덕질'로 유명했습니다. 그런데 모바일 시대가 되면서 이들의 팬덤 문화가 더욱 발달하게 되었습니다. 실시간으로 연예인 스케줄을 확인하며 쫓아다닐 수도 있게 되었고, 플래시몹과 같은 순간적인 행동도 가능하게 되었습니다. 덕질을 할 수 있는 사람들끼리도 자유롭게 이합집산하고, 팬덤 내부 인물들 사이에도 다양한 형태의 결속이 나타날 수 있게 되었습니다.

즉, 인플루언서는 새로운 생산자 계층으로, 팬덤은 새로운 소비자 세그먼트로 등장하게 됩니다. 이 둘의 결합은 새로운 시장을 만들어 냅니다. 인플루언서 커머스라는 분야가 탄생하게 됩니다. 이와 유사한 형태가 이미 엔터테인먼트 업계에서는 있었습니다. 팬들을 대상으로 잠옷, 핸드폰 액세서리 등 연예인 굿즈를 만들어서 팔거나, 앨범에 포토 카드 같은 것들은 끼워서 파는 방식 등이 있었습니다. 그런데 인플루언서들은 인스타그램과 같은 플랫폼을 통해 팬들과의 소통 채널을 보유하고 있었는데, 그들이 직접 물품을 만들어서 판매하는 스타일의 인플루언서 커머스가 새롭게 등장했습니다. 이 인플루언서 커머스는 또 다른 형태의 롱테일 커머스이기도 합니다. 웹 혁명 이전에는 시장 조사를 통해 히트 상품이 될 가능성이 높은 상품을 만들어서 대규모로 생산해서 판매하는 방식이 주류였습니다. 그런데 웹 혁명 시기 이후에는 오픈마켓의 등장과 함께 다양한 물품이 판매될 수 있어서 롱테일 제품들이 많이 등장하게 되었습니다. 오픈마켓은 소비자와 생산자를 연결하는 방식이었습니다. 그런데, 이 인플루언서 커머스는 고객과 인플루언서가 연결된 상태에서 인플루언서가 가진 전문성을 바탕으로 상품을 만들어서 판매하는 또 다른 형태의 롱테일 커머스인 것입니다.

이처럼 모바일이 만들어 낸 새로운 연결과 개인화를 극대화한 모바일 플랫폼을 활용한 생태계는 새로운 형태의 사업을 만들어 내면서 기회를 제공하게 되었습니다. 인공지능은 새로운 생산 수단의 등장이므로, 이를 활용한 새로운 인플루언서들도 탄생하고 이들과 연결된 새로운 팬덤 층들이 나올 수도 있습니다. 그리고, 가상 인플루언서들도 만들어 낼 수도 있습니다. 가상 인플루언서 제작에 대한 노력이 이미 존재했으나 시장에서 크게 반향을 불러일으키지는 못했는데, 생성형 인공지능의 발전은 이 시장에 대한 새로운 도약을 만들어 낼 수도 있을 것입니다.

6장

인공지능 분야 투자를 위한
세부 분야별 전망

인공지능 분야 투자 접근을 위한 사전 고려 사항

• 인공지능 투자의 핵심

앞에서 인공지능의 본질은 메타데이터를 처리할 수 있게 되었다는 점과 이로 인해 필수적으로 발생하게 되는 한계는 불확실성이 내재되어 있다는 점이라고 말했습니다. 즉, 메타데이터의 형태로 처리하여 새로운 고객 가치를 만들어 내고, 그 안에 내재된 불확실성을 처리하여 고객이 수용 가능한 수준으로 제공할 수 있는 사업이 있다면 기본적으로 좋은 투자의 1차 후보가 될 것입니다. 그리고 이러한 사업이 사업이 아니라 특정 기능으로 작동하여 다른 사업의 일부분으로 효용을 만들어 낸다면 2차 후보가 될 것입니다.

이는 생각보다 쉽지 않은 것입니다. 5장에서 1차 웹 혁명 시대에는 '연결'을, 2차 모바일 혁명 시대에는 '개인화'라는 키워드로 새로운 기회를 비교적 쉽게 찾아볼 수 있었습니다. 왜냐하면 이들이 다루는 데이터는 실데이터(Real Data)이고, 그 데이터를 처리해서 어떤 효능이 나올 수 있는지 쉽게 예측할 수 있었습니다. 하지만 (귀납적) 인공지능은 어떠한 것이 가능한지 여부 자체를 판단하기 어렵습니다. 그래서 신경망에 다양한 데이터를 학습시켜 보면서 이러한 것이 가능한지 아닌지를 직접 해 보면서 알아볼 수밖에는 없습니다. 그리고 그 결과물이 얼마나 신뢰할 만한 수준인지도 직접 트라이얼 & 에러(Tria & Error) 방식으로 알아보는 수밖에 없습니다. 그나마 이제 10여 년의 세월이 흐르면서 음성 인식이 좀 더 잘 되고, 영상인식이 소비자들이 감당 가능한 수준까지 올라왔으며, 챗GPT를 통해 인간이 말하는 것과 같이 문장으로 대화하는 방식이 가능해졌다는 것을 알게 된 것입니다. 여기에 번역 성능이 더 좋아지고 프롬프트 엔지니어링을 통해 사진을 만들어 내는 등 다양한 기능들이 가능해진 것을 이미 확인하게 된 것입니다. 하지만, 할루시네이션이라는 문제가 있음을 이미 확인하기도 했지요.

이는 컴퓨터의 역량이 좀 더 확장되어 기존에 절대적이고 완전한 수학적 논리에 따라 100% 정확한 값만을 처리하고 결과를 내던 존재에서 귀납적 인공지능을 통해 새로운 기능들이 가능해지기는 했지만, 컴퓨터가 내주는 결과를 확률적으로 받아들이고 처리해야 하는 시대가 온 것입니다. 이는 사용자들이 귀납적 인공지능을 사용할 때 주의를 기울여야 함을 의미합니다. 또한 귀납적 인공지능의 도입 효용이 불확실성에 대한 우려를 명확히 상회할 때에 비로소 수용될 것임을 시사합니다. 이는 귀납적 인공지능의 시장 수용성 측면에 영향을 미치므로 사업의 확장 속도, 이에 대한 투자 기간과 기대 수익률에 영향을 미치게 됩니다. 물론 이 영향이 얼마나 클 것인지에 대해 현재 판단하는 것은 쉽지 않습니다. 다만 인간의 심리상 원금 보장이 되는 은 행에 예금하는 것과 조금이라도 원금 손실이 발생할 가능성이 있는 상품에 투자하는 것은 그 규모 자체가 다르다는 것을 고려할 때 이 영향이 무시할 만하다고 보기는 어렵습니다. 결국 귀납적 인공지능이 내놓는 결과에 대한 '불확실성에 대한 처리'가 인공지능 관련 사업 투자에 주요한 요소가 될 가능성이 매우 높은 것입니다.

• 챗GPT는 시작일 뿐

인공지능이 나오면서 무엇을 할 수 있는가에 대한 질문에 대해 일반인들에게까지 큰 효용을 준 서비스는 바로 챗GPT입니다. 알파고가 보여준 가능성으로 세계가 떠들썩하다가 그 열기가 사그라질 때쯤 등장한 챗GPT는 인공지능의 가능성을 다시 한번 확인시켜 준 서비스였습니다.

챗GPT는 인터넷에 축적된 사람들의 언어 데이터와 이미지 데이터, 동영상 데이터를 활용하여 만들어져 왔고 또 계속 발전하고 있는 서비스입니다. 이 챗GPT와 같은 대형언어모델(LLM)의 기능이 여러 회사의 고객센터에서 활용되며 침투하고 있는 것도 퍼베이시브 인공지능의 한 모습인 것은 분명합니다. 실제로 사람들을 만나보면 각 회사별로 인공지능 관련된 일을 해야 하는데, 현실적으로는 챗GPT를 자신들의 회사에서 어떻게 활용할 것인지를 고민하는 사람들이 대부분입니다. 이러한 움직임은 한동안 지속될 것입니다. 그러나, 이러한 적용은 몇 년 내에 한계에 부딪힐 것입니다. 이렇게 기술을 적용할 기업들의 수가 한정되어 있기 때문입니다. 물론 이러한 기회를 살리는 기업들도 있을 것이고, 여기에서 또 좋은 사업이나 투자의 기회가 나올 것입니다.

지금은 사람들의 인식에서 '인공지능 = 챗GPT'로 인식되고 있으나, 챗GPT가 인공지능 기술의 하나의 응용서비스라고 본다면, 인공지능의 활용 가능성은 좀 더 확대됩니다. 이것이 무엇일지 지금은 어렴풋한 수준이지만, 시간이 지나면서 점차 구체적인 사업 아이템으로 나타날 것입니다. 한 가지 명확한 방향성은 대규모 데이터를 다루어야 하는 분야, 그리고 데이터가 축적되어 있는 기업에서 필요로 하는 분야를 중심으로 그 모습이 구체화되면서 드러날 것입니다. 지금도 구글의 딥마인드는 알파폴드라는 인공지능을 개발하여 신약 개발에 활용하고 있습니다. 인간의 게놈 데이터를 바탕으로 단백질 구조 예측과 함께 몸속 유전체인 DNA, RNA 등 모든 생체분자와의 상호 작용을 예측하는 데 활용하는 것입니다. 이렇게 되면 약의 작용과 부작용을 예측할 수 있습니다. 이렇듯 챗GPT뿐만 아니라 큰 데이터를 다루어야 하는 분야에서는 더욱 인공지능 기술 활용이 활성화될 것입니다.

인공지능 투자에서 제외해야 할 분야

투자에서 중요한 것은 여러 가지가 있으나, 가장 중요한 것은 쓸데 없이 돈을 잃지 않는 것입니다. 워런 버핏의 첫 번째 투자 원칙은 "결코 돈을 잃지 말라(Never lose money)"입니다. 실제로 투자하면서 손실을 전혀 안 볼 수는 없겠으나, 확률이 낮은 투자는 피하는 것이 중요하다는 의미로 받아들여야 할 것입니다. 이 원칙에 따라 인공지능 투자에서 피해야 할 두 가지에 대해 다루고자 합니다.

- **비패턴 인공지능**

기본적으로 귀납적 인공지능은 입력 데이터와 출력 데이터 사이에 숨어 있는 패턴을 찾아내는 것이라고 했습니다. 그런데 패턴이 나올 수 없는 데이터, 즉 무작위성(Randomness)이 존재하는 데이터 사이에서 패턴을 찾아서 이것을 인공지능으로 만드는 회사가 있다면? 이런 회사에 대한 투자는 절대적으로 피해야 합니다. 예를 들어, 이 세상 모든 사람을 이기는 가위바위보 인공지능을 개발했다고 한다면, 이런 건 사기로 봐야 한다는 겁니다. 문제는 특정 기간에는 정말 가위바위보를 연속으로 이길 수도 있어서 속을 수도 있다는 것입니다. 그리고 미국 특허청에는 지속해서 열역학 법칙을 위배하는 영구 열역학 기관을 개발했다는 특허들이 지금도 등록을 요청한다고 합니다. 인공지능에 관한 이해 부족을 이용하여 앞으로도 지속해서 잘못된 투자를 유도하는 일들이 미래에 벌어질 것입니다.

• 일반 인공지능, 초인공지능

일반 인공지능(AGI, Artificial General Intelligence)에 관한 이야기가 많이 나오고 있습니다. 여기에 손정의 회장이 곧 인간을 뛰어넘는 초인공지능(ASI, Artificial Super Intelligence)에 관해 발표하면서 또 한 번 세상이 시끄러워졌습니다. 그러나 인공지능 개발자를 비롯하여 이 분야에 있는 여러 전문가에게 일반 인공지능이 무엇이냐고 물어보면 명확한 대답을 듣기가 어렵습니다. 무엇인지 정의하기도 어렵고 이해하기도 어려운 분야에 대한 투자가 과연 적절할까요?

몇 년 전에는 '강인공지능(Strong AI)'과 '약인공지능(Weak AI)'이라는 개념이 있었습니다. 약인공지능은 인간의 두뇌 활동 중에서 특정 기능을 담당하는 인공지능을 의미했고, 강인공지능은 인간처럼 보이는 인공지능으로 분류했습니다. 여기서 약인공지능보다는 여러 기능을 수행하면서 강인공지능보다 작거나 같은 개념이 일반 인공지능으로 불리고 있다고 보입니다. 개발자가 자신이 개발하는 인공지능을 구별하기 위해 약인공지능의 여집합적 개념으로 사용하고 있는 말입니다. 여기에 사람들이 이제 인간과 같은 인공지능이 온다는 개념을 덧붙이면서 일반 인공지능이라는 용어를 사용하고 있습니다. 게다가 인간을 뛰어넘는 초지능(Super Intelligence)이라는 용어까지 나왔습니다. 과연 인간과 같다 또는 인간을 뛰어넘는다는 기준이 무엇일까요? 저 기준이 되는 인간은 과연 누구를 말할까요? 사피엔스 종족? 아니면 바둑의 이세돌과 같은 특정 분야의 최고 전문가?

투자는 명확한 상품이나 서비스로 인해 미래에 현금 흐름을 창출할 수 있을 것이라 기대하는 회사에 하는 것입니다. 따라서 일반 인공지능, 초인공지능처럼 무엇인지 정의하기도 어렵고, 그 실체가 불분명한 곳에는 투자하는 것이 아닙니다. 일반 인공지능, 초인공지능은 영화나 드라마와 같은 상상의 영역에서 활용하는 용어나 개념으로 이해하는 것이 좋겠습니다.

Q: 그렇다면 일반 인공지능, 초인공지능은 무시해도 될까요?

A: 그렇지는 않습니다. 그보다 먼저 생각해야 할 것은 일반 인공지능, 초인공지능보다는 인공지능을 사용하는 인간이 문제가 될 가능성이 크다는 것입니다. 인공지능 윤리 문제는 여기서 출발해야 합니다. 몇 년 전 정부 회의에 참석했는데 인공지능 윤리를 이야기할 때 터미네이터나 스카이넷과 같은 것이 나올 수도 있다는 것을 가정한 얘기가 나왔습니다. 이런 부분은 걸러내는 것이 좋습니다. 최근에 자의식을 가진 인공지능에 관한 얘기도 나오면서 공포와 두려움을 일으킵니다. 이는 인간보다 뛰어난 인공지능이 자신의 생존을 위해서 인간을 멸망시킨다거나 인간을 지키라는 명령에 대한 해석을 인간을 가두는 방식으로 해결하려 한다거나 하는 인공지능의 논리적 오류에 관한 영화 등이 영향을 미친 것입니다. 그러나 인공지능은 물리적 실체가 없기 때문에 생존을 염려할 이유가 없습니다. 설사 백번 양보해서 자의식이 생긴다고 합시다. 전원이 꺼진다고 하더라도 기존에 가지고 있는 데이터를 바탕으로 재부팅되면 다시 본래 자신으로 돌아오는데, 생존을 두려워할까요? 다시 말하면 인공지능은 유전자를 후세에 전달해야 하는, 그리고 육체와 매우 유기적으로 연결된 두뇌를 가진 인간과는 그 태생이 다릅니다.

그러나 강력한 기능을 수행하는 인공지능을 인간이 잘못 사용하는 문제는 여전히 남습니다. 마치 인류를 몰살할 수 있는 수준까지 핵폭탄 개발 경쟁에 몰두하던 것과 같은 상황은 여전히 우려됩니다. 이 부분은 인공지능의 문제가 아니라 인간의 문제입니다. 이는 핵 확산 금지 조약처럼 기존에 인류가 해 왔던 방식으로 해결해야 합니다.

인공지능 인프라 분야 예측

- ## 증가하는 매출, 지지부진 주가: 반도체

인프라 분야의 대표 주자이며 2024년 전 세계 주식 시장을 이끄는 기업은 바로 엔비디아입니다. 인공지능으로 무엇을 하든 일단 그 인공지능을 구현하고 운영할 수 있는 두뇌가 필요하기 때문에 엔비디아 그래픽처리장치(GPU)가 필요합니다. (마치 미국의 골드러시 시기에 청바지를 판 리바이스와 같은 업체가 결국 돈을 벌었다는 역사적 교훈과 유사한 기업입니다.) 1990년대 후반 IT 버블 시기에는 IP 통신을 가능하게 한 라우터라는 디바이스를 만든 시스코와 유사합니다. 2024년 6월 기준으로 엔비디아 주가가 거의 1,500달러 근처까지 올랐는데. 시스코 주가를 겹쳐 보면서 미래를 예측하려는 움직임이 많습니다. 그 때문에 엔비디아 그래픽처리장치와 호환될 수 있는 고대역폭 메모리(HBM, High Bandwidth Memory)와 관련된 기술과 제품을 가진 SK하이닉스 등이 주식 시장을 주도하고 있습니다. 이 분야는 이미 어느 정도 주식 시장에서 반영되었고, 이 엔비디아 칩에서 시작된 온기가 데이터 센터, 서버 제작업체, 최근에는 전기 장비 업체까지 확산하고 있습니다. 그러나 앞으로는 최근 2년과 같은 급격한 추가적인 상승은 어렵다고 생각합니다.

"미국은 끝까지 인공지능 핵심 칩과 장비를 중국에 팔지 않을 것입니다."

미국 정부는 최근에 엔비디아의 고성능 그래픽처리장치(GPU) 칩에 이어 AMD의 칩도 수출을 통제하고, ASML이라는 반도체 공정의 핵심 장비 제조사의 중국 수출도 막았습니다. 거기에다 중국 회사들이 아마존웹서비스로 GPU를 사용하는 것까지 조사하고 있습니다. 왜 그러는 걸까요?

귀납적 인공지능을 만들기 위해서는 앞에서 제시한 세 가지 핵심 요소가 다 필요합니다. 학습용 알고리즘은 아카데믹하니까 이미 다 공개되어 있고, 심지어 오픈소스라서 아무나 갖다 쓸 수 있습니다. 학습용 데이터는 오히려 중국에 열세입니다. 중국은 학습용 데이터에 대해서 걱정할 필요가 없습니다. 사회 통제가 더 중요하기 때문에 개인 정보 보호가 미약합니다. 공산당이 모든 사람의 데이터를 마음대로 축적하고 활용합니다. 중국의 길거리에 있는 CCTV에서 모든 사람을 추적하면서 사람들을 다 구별해 냅니다. 경찰청에 해당하는 공안 기관의 화면에 이런 정보가 다 뜹니다. 개인 정보고 뭐고 공산당이 통제하는 게 가장 중요하기 때문에 학습용 데이터는 중국을 따라갈 수가 없습니다.

그렇다면 인공지능 개발을 막을 수 있는 유일한 방법은 컴퓨팅 파워에 제약을 가하는 겁니다. 고사양 반도체를 못 사게 만드는 거죠. 그래서 엔비디아와 AMD 칩 수출을 통제하고 아마존웹서비스 클라우드 서비스를 못 쓰게 규제를 가하는 것입니다. 미국이 인공지능을 미래 전략 사업으로 정한 이상 앞으로 어떤 방식으로 중국으로의 수출 규제를 강화할 가능성이 매우 큽니다.

미국은 인공지능을 미래의 전략 사업으로 보고 국가 안보를 핑계로 해서라도 막으려는 겁니다. 영화 〈오펜하이머〉를 보면 핵폭탄 기술이 소련에 넘어가지 않게 하기 위해 미국 정부가 굉장히 노력합니다. 그 영화에서 오펜하이머를 비롯한 학자들이 물리학 이론들을 가지고 3년 만에 원자 폭탄을 만들어 냅니다. 일반적으로 실험실에서 원천 기술이란 것을 연구하고 안정화하면 10년쯤 뒤에 상용화를 연구하고 또 몇 년이 더 지나야 상용화가 되는데, 그 과정을 불과 몇 년으로 압축해서 원자 폭탄을 만든 것이죠. 당시에 경쟁자였던 소련이 원자핵 실험에 성공했다는 소식이 들리자 미국 정부는 오펜하이머를 불러 청문회를 하면서 스파이 혐의를 씌우고 모욕을 주는 상황으로 끌고 갑니다.

최근 미국의 행보를 보면 핵폭탄의 기술 유출을 막으려고 시도했을 때의 기시감이 들 정도로 인공지능에 집중하는 것이 보입니다. 그러니까 적어도 미국 정부가 볼 때는 엔비디아를 포함한 어느 한두 기업의 이익이 문제가 아니라 인공지능에 대한 미래 패권을 장악하기 위해서 무슨 짓을 해서라도 막아야 하는 겁니다. 국가 안보라는 명분을 붙이면 더 이상 재론의 여지가 없습니다. 단순히 대선용 메시지가 아닐 가능성이 큽니다. 데이터는 오히려 미국이 뒤처져 있어 이 방법밖에 없는 겁니다.

이는 인공지능 분야 투자에 있어서 중요한 메시지를 줍니다. 실제로 엔비디아 주가가 2023년 하반기에 한동안 500달러 근처에서 몇 개월을 횡보했었습니다. 그때 미국 정부에서 중국에 칩 수출을 규제해서 회사의 성장성에 의구심이 들었기 때문입니다. 엔비디아에서 저성능 칩으로 시장을 개척하겠다며 시장에 대안을 제시했지만 정부에 의해서 번번이 막히던 상황이었죠. 그러나 이후에 중국을 제외하고도 매출에서 어닝 서프라이즈(Earning Surprise, 기대 이상의 실적을 내는 것)를 내면서 거의 1,000달러에 육박하는 수준으로 올라갑니다. 다만 엔비디아를 포함한 반도체 업체들이 중국 시장에서의 실적을 바탕으로 추가 성장을 할 것이라는 것은 포기해야 합니다.

최근에 '소버린 인공지능(Sovereign AI)'[3]이라는 개념을 엔비디아 CEO 젠슨 황이 주장하면서 새로운 시장을 개척하기 위한 움직임도 있습니다. 이는 새로운 시장 개척이라는 측면에서 성장 둔화를 해결할 수 있는 좋은 전략입니다. 그러나 이 움직임도 제약이 따릅니다. 기본적으로 현재 인공지능 데이터 센터는 매우 큰 전력 시설을 필요로 합니다. 심지어 미국도 전력 설비가 불충분하여 소형모듈원자로(SMR)와 같은 원자력 발전소를 데이터 센터 옆에 세워야 한다는 말까

---

3 소버린 AI는 각 국가별로 보유한 인공지능의 의미이다. 이는 국가별로 챗GPT와 같은 인공지능을 만들어야 한다는 의미로 해석되며, 엔비디아 CEO인 젠슨 황이 최근에 주장했다. (예를 들면 한국에서는 네이버가 하이퍼클로바라는 인공지능을 만들고 있다.) 이는 엔비디아 입장에서 현재의 미국 빅테크와 같은 수요처를 추가로 만들기 위해 도입한 개념이다.

지 나오고 있고, 기존 노후 전력 설비도 교체해야 한다는 말도 나오고 있는 상황입니다. 선진국마저 이런 상황인데, 중진국이나 후진국은 이런 인프라까지 설치해야 한다면 그 확산 속도는 매우 늦을 수밖에 없습니다.

현재는 모든 투자자가 엔비디아의 실적 발표를 보면서 이에 대응하고 있는데, 계속해서 어닝 서프라이즈를 낼 만한 매출 상승 속도가 지속될 수 있을지 의문이 듭니다. 여기에 또 다른 장애물도 있습니다. 바로 인공지능 개발 인력입니다. 수많은 우수 인력이 미국으로 가고 있는 상황에서 인공지능 데이터 센터를 구축한다고 한들 이를 발전시키고 유지할 만한 인력이 개별 국가에 없습니다만, 엔비디아의 새로운 시장 개척에 장애물이 될 수밖에 없습니다. 즉, 소버린 인공지능은 단기간에 매출을 낼 요소라기보다는 매출 상승 속도의 둔화를 늦출 전략에 더 가깝습니다.

수요 측면에서 본다면 현재 인공지능은 대규모 언어 모델(LLM)과 멀티모달(Multimodal)[4]이 주류를 이루고 있습니다. 귀납적 인공지능은 이외에도 다른 영역에서도 사용되겠지만 언어 처리와 영상 처리가 가장 많은 데이터 처리 용량을 필요로 합니다. 데이터 처리 수요 측면에서 보면 영상 처리가 가장 큰 영역입니다. 이미 오픈AI가 출시한 소라와 같은 종류의 서비스가 만들어 낼 수요가 처리해야 할 데이터의 크기 측면에서 가장 피크값을 갖는다는 것입니다. 여기에 다양한 경쟁

---

4 다양한 유형의 데이터를 활용하여 학습하고 유기적으로 처리하는 모델로 주로 언어에서 이미지나 영상을 만들어 내거나, 이미지나 영상에서 언어로 변환해 내는 것을 의미한다.

자도 나오고 있습니다. 분명히 귀납적 인공지능은 더욱 확산할 것이기에 인공지능 반도체 후발 사업자들도 목숨 걸고 따라올 것입니다.

물론 엔비디아 칩의 개발 환경인 쿠다(CUDA) 생태계가 강력하여 다른 칩들이 시장에 접근하기는 쉽지 않습니다. 하지만 주요 수요처인 데이터 센터를 구축하는 클라우드 업체들이 독자적인 인공지능 칩을 개발하고 있는 상황입니다. 여기에 전력 수요 문제, TSMC의 수급 문제 등으로 현재의 수요를 엔비디아가 독식하기에는 쉽지 않아 보입니다. 즉, 엔비디아의 시장 점유율은 앞으로 낮아질 것입니다. 참고로 SK텔레콤은 2000년대 중반까지 매출과 실적은 계속해서 좋아졌습니다만, 주가는 2000년에 도달했던 오백만 원이 최고치였습니다.

따라서 지금까지와 같은 10배의 성장세는 쉽지 않아 보입니다. 즉, 여기서 다시 10배를 바라보고 투자에 참여하기는 어려워 보입니다. 그렇다고 엔비디아의 생태계 경쟁력을 보았을 때 주가가 하락하기보다는 추가 상승이 제한적이라는 관점에서 투자를 진행하는 것이 더 좋을 것입니다. 트레이딩(Trading) 방식으로 사고파는 것에 자신이 있다면 접근하거나 아니면 포트폴리오에 적절한 비중으로 담되 패시브 방식으로 비중을 조절하는 것이 좋다고 보입니다. 그리고 인공지능 분야에서 대박을 노린다면 앞으로 소개할 분야에서 새로운 기회를 찾는 것이 슈퍼리치가 될 가능성이 더 커 보입니다.

• 새로운 인프라: 학습용 데이터 유통 플랫폼

인공지능에서 학습용 데이터는 매우 중요합니다. 앞에서 이야기했듯이 전체 성능에서 최소한 50% 이상을 차지합니다. 2024년 현재 인공지능에 필요한 하드웨어인 인공지능 반도체의 공급 부족 이슈로 인해 엔비디아를 비롯한 인공지능 반도체주들이 계속해서 시장을 주도하고 있습니다. 공급 부족 문제가 해소되면 그다음은 인공지능 데이터 확보 싸움이 본격화될 것입니다.

> "학습용 데이터 이슈 분쟁은 피할 수 없는 변수이며 새로운 학
> 습용 데이터 유통 플랫폼이 해결책이다."

현재는 인공지능의 기술적 가능성을 테스트하는 시기라는 점, 그리고 웹상에 공개된 데이터를 활용하고 있다는 점에서 아직 학습용 데이터 이슈가 조금씩 보도되고 있습니다. 아직은 할리우드 작가와 배우들의 파업이나 유료 이미지 회사와 인공지능 회사의 소송, 유튜브가 오픈AI의 소라에 활용된 소스에 관한 이슈 제기 정도의 수준입니다. 그러나 향후 인공지능으로 인한 수익모델이 구체화되고, 해당 인공지능으로 인한 일자리 문제가 구체화될수록 데이터 이슈가 더욱 강력하게 발생할 것이고 분쟁이 끊이지 않을 것입니다.

예를 들어 영상·이미지 분야에서 시장이 활성화하고 성장하려면 학습용 데이터와 결과물 데이터, 그리고 N차 데이터까지 처리할 수 있

는 법적 기반과 이를 구현할 시스템이 필요합니다. 현재 저작권법이나 초상권 등에서 표절 문제를 다루는 법체계에서는 대부분 1차 활용 데이터만을 대상으로 합니다. 이는 계약이 편리하고 정산이 쉽기 때문이라고 생각합니다. 그러나 디지털 데이터의 쉬운 복제의 특성상 그 활용이 한번에 끝나지 않습니다. 현재도 GAN을 활용해서 유사한 이미지를 생성하고 다시 이를 학습용 데이터로 활용하고 있습니다. 오리지널리티를 보유한 데이터가 N차 데이터로 활용된다면 이 N차 데이터 활용에 대해서도 정산해야 하지 않을까요? 만약 제대로 정산하지 않는다면 누가 새로운 창작 활동과 새로운 데이터 생성을 지속할까요? 이런 N차 정산이 데이터 생성이나 활용 측면에서 활성화를 저해한다는 주장을 할 수도 있을 것입니다. 그러나 모두 커닝하다 보면 결국 아무도 공부를 안 하게 되어 새로운 가치 창조를 하지 않게 되는 악순환에 빠지게 될 것입니다.

최근에 이슈가 되고 있는 딥페이크(Deep Fake) 문제도 사실 학습 데이터 문제에서 나온 것입니다. 인공지능이 사용할 데이터의 소스(source)로 불특정 다수의 인물 사진을 가져다가 좋지 않은 방향으로 생성해 내는 것입니다. 인증된 학습용 데이터 유통 플랫폼을 중심으로 생성형 인공지능을 사용하게 만든다면 딥페이크 문제도 완화시킬 수 있을 것입니다.

학습용 데이터 유통 플랫폼을 만들 기술적 해결책은 인공지능 기술과 블록체인 기술의 결합에서 찾을 수 있습니다. 대부분의 사람은 블록체인을 비트코인과 같은 가상 화폐로 생각하고 있습니다. 그러나 블록체인 기술은 디지털 공간상에서 복제는 허용하되 그 복제품의 히스토리를 기록하는 기술입니다. 대체 불가능 토큰이라고 번역하는 NFT가 대표적이죠. 기존 NFT는 예술 작품과 같은 것을 디지털화하고 그 소유권을 명확히 하는 방식으로 시도했습니다. 활성화되지는 않았죠. 그만한 시장의 필요가 없었기 때문입니다. 하지만 내가 찍은 사진, 영상, 글들이 인공지능 학습에 활용되고 그 인공지능이 수익을 낸다면 어떻게 될까요? 그리고 스마트 콘트랙트(Smart Contract)[5] 기술에 의해서 자동으로 정산되어 들어온다면?

인공지능 개발 업체는 저작권 문제가 없는 양질의 데이터를 수급받을 수 있고, 콘텐츠 제작자는 자신이 만든 콘텐츠가 인공지능 개발에 사용되어 그 비용을 정산받을 수 있다면 선순환 구조가 만들어질 것입니다. 다만, 이 사업은 추진 주체가 모호할 수 있습니다. 국가 수준에서 해야 할지, 빅테크들이 하게 될지 애매합니다. 빅테크들은 충분히 학습용 데이터를 확보한 상황이어서 군이 이 방식을 도입하지 않으려 할 수 있습니다. 소규모 업체는 필요한 투자 규모를 따져보고 주저할 가능성이 큽니다. (저자가 관련 특허를 출원했으나 사업은 시작하지 않는 이유입니다.) 이런 학습용 데이터의 인증과 유통 그리고 소유권 및 저작권 처리와 같은 제도는 법률적 지원이 선결되어야 하므로 이해관계자가 많아 생각보다 더디게 진행될 수도 있습니다. 사실 이 문제는 누군가 먼저 지르고 나가서 시장을 선점하고, 제도적 뒷받침은 추후에 해결하는 방식

---

5 블록체인의 이더리움이 가진 기능 중 하나로 미리 계약 내용을 프로그램화해서 저장해 두면 자동으로 코인으로 정산되는 기능을 말한다.

이 글로벌 경쟁 환경 등을 고려했을 때 더 적절할 수 있습니다.

• 불투명한 새로운 디바이스

웹 혁명은 브라우저를 설치한 PC, 모바일 혁명은 아이폰이라는 디바이스가 그 자체로 큰 사업으로 성장하면서 서비스 확산에 인프라 역할을 했습니다. 과연 인공지능과 결합하는 새로운 디바이스는 어떤 것들이 대세로 떠오를까요? 많은 사람이 자동차와 로봇 등에 대해서 이야기하는데, 뒤에서 별도로 다루겠습니다. 여기에서는 인공지능이 가진 인터페이스와 특징에 관해 좀 더 다루겠습니다.

인공지능과 인간을 연결하는 인터페이스는 바로 '자연어'입니다. 자연어는 인간이 말하는 방식의 언어를 뜻합니다. 컴퓨터와 스마트폰은 키보드, 마우스, 펜 등의 하드웨어와 키워드를 통해 소통할 수 있었죠. 인공지능은 말과 글을 통해 소통하는 것이 가장 큰 특징이라고 볼 수 있습니다. 이런 것을 내추럴 유저 인터페이스(Natural User Interface)라고 하는데, 사람이 좀 더 자연스럽게 이용할 수 있는 인터페이스라고 보면 됩니다. 사실 사용자 행동(User Behavior)으로 보면 글이라는 형태는 기존 디바이스의 틀을 벗어나기 어렵고, 말을 통한 인터페이스가 어쩌면 한 단계 더 발전한 인터페이스일 것입니다. 이런 측면에서 보면 2010년대 중반에 나왔던 인공지능 스피커나 2024년 세계가전전시회(CES)에서 선보인 래빗(Rabbit)이라는 말로 소통하는 디바이스가 좀 더 현실적인 대안일 수 있습니다. 우리가 지향하는 바는 영화 〈그녀(Her)〉에 나오는 인공지능처럼 대화하면서 모든 것을 할 수 있는 디바이스가 궁극적으로 그리는 목표일 것입니다.

그런데 음성과 말을 사용하는 인터페이스는 기본적으로 노이즈 (Noise)에 취약합니다. 여기서 노이즈는 지시자의 음성 신호를 구별해 내는 데 방해가 되는 모든 소리를 의미합니다. 인공지능 스피커나 스마트폰에서 빅스비나 시리를 사용해 본 사람들은 부르지 않았는데, 인공지능이 잘못 깨어나는 경험을 했을 것입니다. 즉, 음성과 말을 사용하는 인터페이스의 한계는 사람의 말이 인공지능과 대화하려는 말인지 아닌지를 구분하기 매우 어렵다는 문제가 있습니다. 마침표나 띄어쓰기, 문단 나누기가 없는 문서를 읽고 이해해야 한다고 생각해 보세요. (특히 한문으로 적힌 고서를 읽어 본 경험이 있다면 더 쉽게 이해할 것입니다.) 인공지능과 소통이 시작되고 끝나는 점을 명확히 하는 게 생각보다 어렵다는 것입니다. 현재 인공지능 기술을 활용한 음성 인식이라든가 언어 처리 및 생성 기술이 챗GPT 4o 버전까지 온 것을 보면 매우 높은 수준으로 발전되어 있는 것은 사실입니다. 하지만 인공지능이 사람과 대화하며 시작과 끝을 구별하고 대화 도중에 다른 사람의 말소리를 무시하고 상대방에게 집중할 수 있는 기술은 아직 미비한 상태입니다. 이 문제를 해결하려면 입력되는 여러 소리(다른 사람의 목소리와 기타 노이즈) 중에서 특정한 사람의 목소리를 구별해서 인식할 수 있는 기술이 필요합니다. 이 기술이 적용된 후에야 비로소 사용자 경험의 혁신이 완성될 수 있을 것입니다.

• 엘리베이터와 거울: 보험 산업

앞에서 귀납적 인공지능의 확산 속도와 관련해서 리스크 관리 방법에 대한 언급을 했습니다. 귀납적 인공지능의 가장 큰 특징이 확률에 기반한 예측이기 때문에, 원하는 결과가 100% 정확하게 나오지 않을 수 있다는 뜻이 내포되어 있다는 겁니다. 그리고 그 결과의 불확실성을 그대로 수용하기 어려운 상황이 되면 보험의 재조명이 일어날 것이라고 했습니다. 이러한 보험은 현재 일반인들에게 주로 보이는 사진 생성이나 챗GPT와 같은 질문에 대한 답변 생성에는 필요성이 떨어집니다. 하지만 자율 주행이나 공장 등에서 활용할 인공지능이라면 얘기가 달라집니다. 약간의 예측 실패가 큰 비용을 수반할 수 있기 때문이죠. 따라서 인공지능이 확산되어 나갈수록 점차 보험 상품의 다양화와 함께 보험업에 새로운 성장이 나올 수 있습니다. 즉, 귀납적 인공지능이 출력하는 결과의 리스크를 헤지(hedge) 할 수 있는 보험 상품들이 다양하게 개발될 것입니다. 다만, 일반적으로 보험 상품 개발을 위해서는 사전적으로 충분한 데이터가 쌓여야 합니다. 보통 사고율이라던가 생존율 등과 같은 보험료를 책정하기 위한 데이터들이 사전에 축적되어야 하므로 실제적인 실적으로 연결되기까지는 어느 정도 시간이 걸릴 겁니다. 그러나 이 분야도 보험업체들끼리 경쟁이 붙기 시작하면 주식 시장은 미리 움직일 수도 있다는 점은 참고하셔야 합니다.

인공지능 서비스 분야 예측

인공지능 서비스 분야는 크게 B2C와 B2B로 나누어 볼 수 있으나, 일단 어느 정도 명확히 보이는 분야에 대해서 크게 구분 없이 살펴보겠습니다.

- **첫 번째 전장: 인공지능 비서 AI Agent**

최근 오픈AI에서 서치GPT라는 서비스를 내놓으면서 비로소 경쟁이 더욱 가시화되고 있는데요, 이 서비스의 미래를 한마디로 정리하면 바로 '검색의 미래(Future of Search)'입니다. 이 영역의 대표적인 예는 바로 오픈AI의 챗GPT 서비스와 같은 형태이고, 인공지능 도우미(AI Assistant) 또는 인공지능 비서(AI Agent) 서비스의 모습으로 발전할 것입니다. 2010년대 중반 알파고에 충격받은 전 세계 여러 기업이 "인공지능 최우선(AI First)"이라는 구호를 외쳤습니다. 구글, 아마존, 메타 등 미국 빅테크를 포함하여 국내에서도 SK텔레콤, 네이버, 카카오, 삼성전자 등 여러 회사가 앞다투어 인공지능 서비스를 출시하고 시장에서 경쟁했습니다. 그러나 실제 성능이 사람들의 기대 수준을 만족시키지 못하여 크게 성공하지는 못했습니다. 그러다가 오픈AI에서 개발한 GPT 기술이 발전을 거듭하며 비로소 사람과 대화하는 듯한 느낌을 주는 챗GPT 서비스가 나오면서 전 세계 모든 서비스 중에서 1억 명의 가입자를 가장 빨리 달성한 서비스가 되었습니다. 구글은 내부 여러 서비스를 모두 통합해서 제미나이 서비스를 출시해서 따라가고 있고, 오픈AI에서 나온 개발자들이 만든 앤트로픽의 클로드 서비스가 추격하고 있습니다.

경쟁 전략 관점에서 보면 이 서비스들은 검색 서비스의 대체재 성격을 갖고 있습니다. 인터넷 혁명 이후에 결국 수익을 창출한 서비스는 커머스와 검색, 두 가지로 압축할 수 있었습니다. 그중에서 검색 서비스를 대체할 수 있는 서비스가 바로 B2C 인공지능 도우미(AI Assistant)나 인공지능 비서(AI Agent) 서비스입니다. 기존 검색 서비스 제공자인 네이버와 구글은 각각 하이퍼클로바와 제미나이(Gemini) 서비스를 제공하면서 이 시장에서의 영향력을 유지하려고 하고 다른 회사들은 이 기회를 활용하여 새로운 시장의 승자가 되기 위해서 경쟁하고 있는 상황입니다.

B2C 서비스 분야의 미래 모습을 추측하기 위해서는 한 가지 고려해야 할 사항이 있습니다. 결론부터 이야기하면 이 영역의 서비스는 검색의 미래 형태의 서비스이긴 하겠으나 인공지능 비서(AI Agent) 서비스는 단순히 '검색의 미래'가 아닐 것이라는 점입니다. EBS 다큐멘터리 〈4차 인간〉에서 실험을 한 적이 있습니다. (유튜브 'EBS 다큐' 채널

에서 시청할 수 있습니다.) 실험 내용은 간단합니다. 사람들에게 인공지능 스피커를 일주일간 사용하게 합니다. 실험 참여자는 혼자 사는 여성, 자녀들과 함께 사는 남성, 소프트웨어 개발자 부부 등입니다. 일주일 후에 이들이 사용한 스피커를 한 실험실에 고정해 두고 전기 충격을 가하게 하는 실험을 진행했습니다. 2010년 후반에 SK텔레콤의 누구 인공지능 스피커는 "제가 할 수 없는 일이에요."라는 답변을 꽤 많이 했습니다. 그렇게 오답을 할 때마다 강한 전기 충격을 주고 맨 마지막에 '킬(Kill)' 버튼을 누르게 한 실험이었습니다. 킬 버튼을 누르면 전기 충격을 받은 스피커가 연기를 피우며 다 타 버리게 되므로 대신 새로운 스피커를 지급한다고 미리 고지를 합니다. 이 실험의 결과는 어땠을까요? 대부분의 사람은 킬 버튼을 누르지 못했습니다. 그리고 킬 버튼을 누른 사람은 눈물을 흘렸습니다. 말로는 괜찮다고 하지만 눈물을 흘리는 사람들을 지켜보던 공학자들은 당황했습니다. 특히 딸을 미국에 보내고 혼자 지내던 여성과 스피커에 눈을 붙이고 이용하는 아이들을 둔 남성은 새로운 스피커를 준다고 해도 이건 그 '아리아'가 아니라며 괴로워했습니다. 더욱 압권은 개발자 부부의 인터뷰였습니다. 이 스피커는 실제 사람이 아니고 어떻게 작동하는지 다 이해하고 있는 개발자 부부도 상당히 마음 아파하는 장면이 나옵니다.

 이 실험이 의미하는 바가 무엇일까요? 정말 단순히 '검색의 미래'일까요? 사람들이 검색창(Search Box)에 단순히 키워드를 입력하고 그 결과를 받아들이는 것과 같은 서비스일까요? 거기서 약간 더 진화한 서비스일까요? 아마 사람들마다 생각이 다를 것입니다. 하지만 사람들이 대화하는 상대로 인지하는 순간 이 서비스는 단순히 검색 서비스를 넘어서는 새로운 서비스로 받아들여질 가능성이 매우 큽니다.

이 책 초반에 앨런 튜링이 튜링 테스트를 제안하는 장면을 소개했습니다. "어떻게 인공지능이라고 결정할 수 있을까요?"라는 질문에 "보이지 않는 건너편에 사람과 인공지능을 두고 대화를 나눈 사람이 그 둘을 구별할 수 없습니다만, 그때 사람과 유사한 대답을 한 기계를 비로소 인공지능이라고 부를 수 있을 것입니다."라고 수십 년 전에 제안한 이 테스트가 참 놀랍다는 생각이 드는 게 '대화를 해서 기계인지 사람인지를 구분할 수 있느냐'를 기준으로 세웠다는 것입니다. 키워드를 입력하는 게 아니라 대화를 하게 된다면 단순히 기능적 서비스가 아닌 것으로 받아들일 가능성이 크다는 것, 즉 사용자 경험이 완전히 다른 서비스라는 것을 EBS 실험에서 볼 수 있었습니다.

이 실험 결과는 기업이나 서비스 경쟁력 측면에서 무엇을 의미할까요? 그건 바로 고객의 심리적 전환 비용(Switching Cost)이 높아서 락인(Lock-in) 효과가 매우 강할 수 있다는 것을 의미합니다. 한번 서비스에 가입해서 일정 시간 이상 사용하게 된다면 선점 우위 효과(First Mover Advantage)가 매우 높을 것이라 예상합니다.

"3위 사업자는 의미 없습니다."

AI Agent 서비스 분야에서 성공할 기업과 서비스의 조건을 한마디로 정리하면 "누가 먼저 '네트워크 효과(Network Effect)'를 달성하는

가?"입니다. 과거 사례들의 교훈을 얘기하면서 네트워크 효과를 달성한 아마존이나 카카오톡과 같은 기업은 서비스 제공 지역에서 거의 독점적 지위를 차지했다고 얘기했습니다. 이렇듯 네트워크 효과는 플랫폼 기업의 경쟁 전략에서 매우 중요합니다. 이 분야에서 가장 앞선 사업자는 어디일까요? 바로 오픈AI입니다. 그래서 시장에서는 오픈AI의 주식을 49% 가지고 있는 마이크로소프트가 시가 총액 1위를 탈환하기도 했죠. 그리고 구글, 페이스북 등과 같은 업체들도 계속해서 AI에 대한 투자를 늘리겠다고 IR 메시지를 내놓고 있습니다. 인공지능에 대한 투자가 아직 매출로 어떻게 늘어날 것인지에 대해서 명확히 투자자들에게 메시지를 전하지 못하고 있지만, 일단 경쟁에서 조금이라도 뒤지게 된다면 다시 뒤집기가 매우 어려울 것이기 때문입니다.

추가로 여기서 한 가지 궁금증이 생길 수 있습니다.

"왜 구글은 기술적으로 앞서 있음에도 오픈AI에 시장 선점을 빼앗겼을까요?"

구글은 인공지능 분야에서 기술적으로 가장 앞선 회사입니다. 텐서플로(Tensor flow), 트랜스포머(Transformer) 등 중요한 기술의 많은 부분이 구글에서 발표되고, 시장에서 사용되고 있습니다. 그런데 오픈AI에 시장 선점을 빼앗겼습니다. 그 이유가 뭘까요? 하나의 이유는 앞에서 언급한 확률적 불확실성으로 인한 할루시네이션(Hallucination) 문제라고 봅니다. 할루시네이션은 서비스 사용자에게 그럴듯한 거짓말을 한다는 것이라고 했죠. 어떤 사용자가 구글 제미나이 서비스에 물어본 결과를 활용했는데 오답이어서 손해를 보는 상황이 발생했다고 가정해 봅시다. 그럼 그 사용자는 어떻게 할까요? 미국은 소송의 나라입니다. 구글에 소송을 걸겠죠?

"너희 서비스에서 나온 결과를 가지고 내가 이용했다가 손해를 봤어. 그러니까 배상해 줘."

이런 상황은 얼마든지 예측할 수 있습니다. 그러면 구글 내부 법무팀은 어떻게 대응할까요? 기술팀에서 "이런 멋진 서비스가 나왔으니 서비스를 상용해 봅시다."라고 열심히 주장해도 법무팀에서 "소송이 들어오면 기술팀에서 책임질 겁니까?"라고 반응한다면 최고 의사 결정자가 서비스 상용화를 결정할 수 있을까요? 아마도 기술팀에 그 문제를 좀 더 해결하고 좀 더 완벽한 서비스로 개선하라고 지시할 가능성이 매우 크겠죠. 대부분의 회사에서 벌어지는 일입니다. 서비스의 완성도의 문제를 넘어서 소송까지 감당할 자신이 없을 겁니다.

그렇다면 오픈AI는 어떻게 서비스를 낼 수 있었을까요? 오픈AI는 스타트업이니까 가능했을 겁니다. 소송을 거는 사람들도 구글에 기대하는 배상금과 스타트업에 기대하는 배상금 규모가 다를 것이고, 오픈AI 입장에서는 상대적으로 잃을 게 적은 거죠. 그리고 스타트업에서 만든 서비스이니 베타 서비스 콘셉트로 시장 테스트를 하면서 문제가 생기면 "죄송해요. 최대한 빨리 수정하고 업데이트할게요."라고 말하면서 버틸 수 있는 면도 있을 겁니다.

이런 현상은 경영학에서 '혁신기업의 딜레마(Innovator's Dilemma)'라고 합니다. 가장 잘나가던 기업이 시장 변화에 효과적으로 대응하지 못하고 시장 주도권을 뺏기는 현상을 의미합니다. 대부분은 파괴적 기술(Disruptive Technology)이 등장하면서 선두 기업의 매출과 이익을 까먹는 카니발리제이션(Cannibalization) 효과가 나올 때 가장 흔하게 등장하는 현상입니다. 그런데 인공지능 분야에서는 매출과는 다른 리스크로 인해 시장 대응이 늦어지는 경우라고 볼 수 있을 것입니다.

한 가지 추측을 보태자면 클릭당 비용(CPC, Cost per Click) 광고에 수익의 큰 부분을 의존하는 구글 입장에서는 챗GPT와 같은 완결된 답변을 제공하는 서비스가 확산할 경우, 검색 광고 시장에 대한 카니발리제이션 효과에 대해 내부적으로 고민하지 않았을까요? 이런 두 가지 리스크를 동시에 갖고 있으니 시장을 주도적으로 개척하기가 현실적으로 어려웠을 것입니다.

그다음으로 나올 수 있는 중요한 질문은 "과연 구글과 오픈AI 중에 누가 승리할 것인가?"입니다. 이 질문에 대한 답변은 누가 네트워크 효과를 먼저 달성할 것인가에 대한 예측에서 나올 수 있습니다.

오픈AI는 2023년 11월에 챗GPT4 터보와 GPTs 버전을 발표했습니다. 특히 GPTs가 눈에 띕니다. 시장에서 오픈AI가 2007년의 애플의 앱스토어를 따라 했다는 평가가 나왔습니다. GPTs는 크게 두 가지 의미를 가집니다.

첫 번째는 할루시네이션 문제를 줄이면서 수직적 시장(Vertical Market)[6]까지 오픈AI 생태계로 흡수하려는 전략입니다. 오픈AI는 대

---

6 특정 분야에 대해 전문적인 시장을 이야기한다. 예를 들어, 이혼 전문 변호사, 교통사고 전문 변호사처럼 어느 한 분야에 집중하는 시장을 의미한다.

규모 언어 모델을 통해 답변을 생성하는 플랫폼 역할을 하고, 상세한 콘텐츠는 외부 전문가들에게 위탁하는 방식으로 학습의 부담을 줄이려는 것으로 보입니다. 2008년에 애플이 아이폰에 앱스토어를 열면서 게임, 금융 등 다양한 서비스는 외부 파트너들이 만들어서 제공하도록 한 것과 동일한 전략입니다. 마찬가지로 오픈AI는 법률, 의료 등 전문적인 서비스를 전문가가 들어와서 만들도록 한 것입니다. 추가적인 파생 효과는 저작권 문제를 외부 파트너들에 돌리는 효과도 있습니다.

두 번째는 네트워크 효과를 동시에 활용하여 시장에서 경쟁 우위를 달성하겠다는 전략적 포석입니다. 이 경우는 양면 네트워크 효과를 기대할 수 있습니다. 이 발표 이후 채 6개월이 지나지도 않았는데 벌써 챗GPT를 활용한 앱에 해당하는 GPTs가 500만 개를 넘어갔다는 뉴스가 나오는 걸 보면 이미 어느 정도 그 효과를 구축해 가고 있는 것으로 생각합니다. 제미나이나 클로드 등 다른 서비스들은 아직 시장에 안착하지도 못했는데 벌써 생태계를 만들어 가고 있습니다. 저는 이 발표를 보고 구글이나 다른 회사들이 따라가기 힘들겠다는 생각이 들었습니다.

다만 기존 플랫폼 업체들의 전략과는 약간 다른 방식으로 경쟁이 전개될 가능성도 있습니다. 여기에 영향을 미칠 변수는 바로 '유료 서비스'입니다. 챗GPT 4.0 이상을 쓰려면 월 20달러를 내야 하는데, 이는 사용자 측(User-side)에서 규모를 만드는 데 큰 장애물로 작동할 수 있습니다. 가장 빠르게 1억 명의 가입자를 모은 것은 사실이나 유료 전환 사용자라는 측면에서는 후발 주자들에게 아직 기회가 있다고 볼 수 있습니다. 구글은 이미 자사의 구독 서비스와 제미나이를 결합 상품으로 제공하고 있습니다. 구글 드라이브 등을 사용할 수 있는 월 정액 서비스인 구글 원(Google One) 서비스 사용자에게 제미나이 (Gemini) 최신 버전을 무료로 제공하는 겁니다. 이런 식으로 서비스 가입자를 확보하여 생태계 확산 경쟁에 나선 것이죠. 후발 주자들은 1~2년 이내에 따라가지 못하면 시장에서 살아남지 못할 수 있으므로 큰 비용을 투입해서라도 시장에서 뒤처지지 않기 위해서 노력할 것입니다. 이를 위해서는 전략적 제휴 파트너들과 이합집산도 벌어질 것이고, 이런 움직임에 따라 새로운 투자 기회가 생길 가능성도 큽니다.

참고로 주식 시장의 시가총액으로 유추해 보면 오픈AI가 시장에서 승자가 될 가능성을 크게 보는 것으로 보입니다. 오픈AI의 2대 주주인 마이크로소프트가 시가총액 1위를 탈환한 것이 그 신호라고 추측할 수 있습니다.

이 시장의 마지막 불확실성으로 챗GPT와 같은 서비스가 검색 시장의 대체재로서 시장에 안착하지 못하는 경우를 생각해 볼 수 있습니다. 이 경우는 챗GPT와 같은 서비스가 다른 서비스의 보조재로 활용되는 것입니다. 예를 들면 MS 오피스365 등에 활용되면서 워드나 파워포인트, 엑셀과 같은 오피스 서비스의 부가 기능을 잘 활용할 수 있게 만들어 주는 오피스 내의 인공지능 도우미(AI Assistant) 기능으로 주요 사업이 B2B(2C) 방식으로 전환될 가능성도 존재합니다. 이 경우에도 여전히 챗GPT와 제미나이(Gemini)가 유리한 포지션에 있으며, 앤트로픽은 불리한 상황입니다. 3위 사업자는 이 시장에서 의미가 없고 다른 방식으로 사업을 피보팅(Pivoting, 사업 분야를 전환하는 것)하게 될 가능성이 큽니다.

• 메타 데이터로 푸는 기회: 금융

기본적으로 다른 산업 영역과 인공지능이 결합되어 사용될 B2B 서비스 분야는, 인공지능 기술이 다른 산업 도메인에 임베딩(Embedding) 되어 들어가서 생산성을 향상하거나 새로운 가치를 창출하는 방향으로 활용될 것입니다. B2B 서비스 분야에서는 '도메인과의 결합 역량'이 상대적으로 더욱 중요합니다. 도메인과의 결합 역량은 특정 도메인에서 활용될 인공지능에 어떠한 데이터를 중점적으로 학습시킬 것인지에 대한 인사이트를 얻는 것이고, 이것은 학습에 필요한 비용을 줄이면서도 인공지능의 성능을 높일 수 있습니다. 도메인과의 결합 역량이 뛰어날수록 경제성도 확보하고, 해당 산업에서 발생할 수 있는 리스크에 대한 합리적인 해결책을 마련해서 인공지능 기술과의 시너지를 제대로 낼 수 있게 됩니다.

사실 귀납적 인공지능이 나오자마자 많은 사람이 주식 시장을 예측하는 데 인공지능을 활용하려고 노력해 왔습니다. 그 결과로 여러 핀테크 업체들이 등장했고, 증권사는 로보어드바이저 서비스를 제공하고 있습니다. 그리고 개발자들이 개인적으로도 여러 데이터를 가지고 학습시키려고 노력해 온 것이 현실입니다. 그러나 인공지능의 실제 성과는 아직 대중의 기대에 미치지 못하고 있습니다. 이 분야는 자체 알고리즘이나 엔진이 외부로 노출될 때 그 방식의 투자가 더 이상 유효하지 않게 되는 문제가 있습니다. 그러나 일부 기업이나 개인들은 이미 인공지능을 효과적으로 활용하고 있을 수 있습니다. 실제로 인공지능을 금융과 연결한 논문들도 발표되고 있고, 여러 스타트업의 증가는 물밑에서 활발한 움직임이 벌어지고 있는 것은 확실합니다.

금융 영역은 기본적으로 돈을 다루는 영역이기 때문에 이 영역도 경제성 확보 측면에서 유리합니다. 그리고 군사 영역과는 다르게 독립적인 업체들이 많이 나올 수 있고, 그 성과가 수익률이라는 명확한 지표가 있기 때문에 결합 역량과 리스크 관리를 잘할 수 있다면 유니콘이 나타날 가능성이 가장 큽니다. 다만, 이 영역에서는 도메인 전문가와 인공지능의 결합이 생각보다 쉽지 않습니다. 소위 말하는 고수들은 자신이 알고 있는 "어떤 데이터를 가지고 학습해야 하는가?"에 관한 정보가 노출될 확률은 거의 제로에 가깝습니다. 자신들의 경쟁 우위 요소가 바로 사라지니까요. 현재는 인공지능 전문가들이 시장에서 얻을 수 있는 거의 모든 데이터를 집어넣고 학습하는 방식으로 진행되고 있는데, 이런 방식으로는 효과적인 인공지능을 만들어 내기가 어렵습니다. 데이터들에 노이즈(Noise)가 많고, 이러한 노이즈들이 패턴을 찾아내는 것을 방해할 뿐더러 약간 무작위적으로 보이기도 하기 때문입니다. 추가로, 시장을 예측하는 것과 그 예측한 결과로부터 수익을 창출하는 방식은 조금 다른 문제입니다. 이런 부분에서 도메인 전문가의 역할이 더 중요해질 수 있습니다. 즉, 이 분야는 양쪽 분야에 대한 이해도가 있는 사람이나 이해관계가 완벽히 일치하는 팀이 함께 일할 때 인공지능이 효과적으로 작동될 수 있습니다.

여기에 금융 분야는 리스크 관리가 매우 중요합니다. 그런데 귀납적 인공지능은 확률론적으로 처리하기 때문에 리스크 관리가 매우 중요하게 작동하게 됩니다. 실제로 국내 금융 회사들은 귀납적 인공지능의 블랙박스적인 성격(신경망이 왜 그런 식으로 학습되는지 설명 불가능한 특성) 때문에 적극적으로 대응하거나 도입하지 못하고 있습니다. 문제가 발생했을 때 책임을 지기가 어렵기 때문입니다. 기존 회사들이 대응하기 어려운 상황에서 새로운 시도를 하는 회사들 중에서 기존 회사들보다 높은 수익률을 내는 회사가 나오면 급속히 고객이 쏠리게 될 수 있습니다. 그러면 기존 회사들은 생존이 불투명해지고 새로운 회사가 시장을 장악하는 파괴적 혁신(Disruptive Innovation)이 나타나게 될 가능성이 매우 큽니다.

"인공지능과 가장 잘 맞는 투자처는 선물·옵션이다."

귀납적 인공지능의 블랙박스적인 성격의 리스크를 관리할 방법이 있습니다. 바로 선물(Future)과 옵션(Options)입니다. 주식이나 상품(Commodity)은 롱 온리(long only, 매수한 후 가격이 올라야 수익을 낼 수 있는 방법) 전략으로 수익을 내기에 효과적으로 귀납적 인공지능을 활용하기 어렵습니다. 이에 비해 파생 상품, 특히 선물과 옵션은 태생 자체가 리스크 관리를 위해 만들어진 금융 상품입니다. 확률적으로 나온 시장 예측에 맞도록 적절하게 리스크 관리를 하면서 수익화할 수 있는 효과적인 투자처가 바로 선물과 옵션입니다. 이 외에도 다양한 측면에서 연역적 인공지능을 효과적으로 결합해야 합니다. 예를 들면 포트폴리오 리밸런싱 등을 하려면 귀납적 인공지능보다는 명확한 규칙에 따라 움직이는 연역적 인공지능을 활용하는 것이 경제성 측면에서 더 적절할 수 있습니다.

인공지능을 활용한 투자 시스템이 안정화되기까지는 오랜 시간의 엔지니어링과 최적화가 필요해서 후발 주자가 따라오기 쉽지 않습니다. 여기에 선물과 옵션에 대한 여러 진입 장벽과 파생 상품 양도소득세 등의 세제 문제, 국내의 규제 상황 등을 고려했을 때 이 분야는 인공지능을 잘 활용하는 해외 기업이나 국내 스타트업 등이 기존 플레이어들이 손 쓸 틈도 없이 시장을 빼앗는 상황이 발생할 가능성이 큽니다. 즉, 일단 한번 성능이 좋다고 소문이 나면 급속한 쏠림 현상이 나타날 가능성이 높습니다.

여기에 유니콘이 탄생할 수 있을 가능성이 높은 또 다른 이유는 바로 기존 사업자들이 적절히 대처하기가 어렵기 때문입니다. 과거 사례에서 카카오톡이 시장 지배력을 높여 가는 과정을 설명했는데, 그건 바로 경쟁사인 통신사들이 자신들의 매출 잠식 등의 이유로 제대로 대처하지 못했기 때문입니다. 국내 금융사는 기본적으로 규제와 튼튼한 수익원으로 인해 귀납적 인공지능이 가진 블랙박스적인 성격을 받아들이기 상대적으로 어렵습니다. 어차피 로직(Logic)으로 검증을 할 수 없으므로 충분한 시간 동안 시장에서 검증이 된 이후에나 수용할 가능성이 높습니다. 이는 스타트업들이 자신들의 세력을 만들어 갈 시간을 충분히 가질 수 있다는 의미이므로 일단 어느 정도 수익률이 검증된다면 유니콘으로 성장할 가능성이 매우 높습니다.

• 티끌 모아 태산: 인공지능 B2B 솔루션

모든 기업이 인공지능 인프라를 자체적으로 구축하고 데이터를 축적해서 만들기는 쉽지 않습니다. 따라서 특정 기업의 니즈에 맞춰 인공지능 인프라를 제공하고, 기업의 데이터를 입력받아서 기업용 인공지능을 제작해 주는 서비스들이 출시될 수 있습니다. 쉽게 얘기하면 기업용 인공지능 제작 및 납품 서비스라고 보시면 됩니다. 이 영역은 기존에 클라우드 서비스를 제공하는 업체들이 더 경쟁력이 있습니다. 소위 말하는 '범위의 경제(Economy of Scope)'가 작동하기 때문입니다. 다만, 공공 클라우드(Public Cloud) 방식은 기업이나 개인의 노하우가 담긴 데이터를 업로드해야 한다는 이슈가 존재하며, 계정 탈취 등이 발생할 경우 기업 보안 데이터 노출 리스크가 커집니다. 이런 리스크를 제거하려면 자체 클라우드(Private Cloud)와 같은 자체적으로 인공지능 인프라를 구축하는 시장 니즈가 발생할 수 있습니다. 그러나 이 경우도 대형 기업들 상대로는 이미 IBM이나 삼성SDS처럼 SI업을 전문적으로 추진해 온 솔루션 제공(Solution Provider) 사업을 추진해 온 업체들이 더 경쟁력이 있을 수 있습니다. 최근 네이버가 사우디아라비아의 인공지능을(LLM, Large Language Model) 제작하기로 했다는 발표가 있었는데, 바로 이러한 움직임이 구체화된 것으로 볼 수 있습니다.

클라우드 서비스 이용에 부담이 적은 기업들을 대상으로 한 B2B 클라우드형 인공지능 서비스 기업들은 롱테일의 기회를 노려서 세력을 확장하는 방식이 더 적절할 것입니다. 이때도 인공지능 자체보다는 기업에서 필요로 하는 다른 기능과 인공지능 기술을 결합하여 시장을 개척하고 확산해 나가는 기업들에 좀 더 많은 기회들이 있을 것입니다. 또한 많은 기업들은 자신들이 직접 확보하지 못한 기술을 가진 스타트업들을 인수하면서 성장을 추구할 가능성도 높으므로 인공지능 기술을 활용한 B2B 솔루션 스타트업에 대한 투자가 전도유망할 것입니다.

• 크리에이터 이코노미의 터보 부스터

이미 사진, 영상 등을 제작하는 크리에이터 영역에서의 인공지능의 활용은 미래가 아니라 현재입니다. 1부에서 소개했듯이 현재의 생성형 인공지능 서비스들은 대부분 이 분야입니다. 대기업 제품인 어도비의 포토샵과 같은 기존 제작 툴에서도 인공지능 기능을 도입하여 서비스를 제공하고 있고, 이러한 서비스를 제공하는 스타트업도 많습니다. 이미 유튜브에서는 생성형 인공지능 툴을 활용하여 숏츠 만드는 법, 10분 만에 영상 만들어서 돈 버는 법 등의 영상이 많이 올라오고 있습니다.

그리고 올 초에 나온 오픈AI가 출시한 소라(SORA) 서비스는 프롬프트로 동영상을 만들어 주는 서비스입니다. 아직 상용화되지 않아서 가격을 정확히 예상하기 어렵지만, 적절한 가격으로 이용할 수 있게 된다면 드라마, 영화, 뮤직비디오 등에서는 아주 많이 활용될 것입니다. 왜냐하면 비용 절감 효과가 명확히 보이기 때문입니다. 학습 데이터 자체가 특별한 전문성이 필요하지 않고, 이미 인터넷상에서 쉽게 가져다가 학습시킬 수 있으며, 누구나 결과를 보고 그 적정성을 판단할 수 있기 때문에 결합 역량은 별로 중요하지 않아서 경제성 문제만 해결되면 급격하게 확산할 가능성이 매우 큽니다. 또 전문가들의 후 작업을 통해서 리스크 관리까지 가능하기 때문에 확산에 저항 요소가 적습니다. 그렇기 때문에 이미 많이 활용되고 있는 것입니다. 개인 크리에이터뿐만 아니라 게임 업체나 광고 제작업계를 포함하여 새로운 캐릭터나 이미지가 지속적으로 필요한 분야에서도 이미 널리 활용되고 있습니다. 새로운 아이디어나 콘셉트가 필요할 때 그리고 그 결과물의 중요도가 높지 않은 NPC 등을 생성할 때 활용되고 있으며, 원가 절감에 톡톡히 기여하고 있습니다.

"제작비 절감 등 원가 구조 개선은 새로운 파생 사업 모델을 만들어 낼 수 있습니다."

영상 제작 분야는 기존에는 자본력으로 인한 진입 장벽이 매우 높았습니다. 그런데 오픈AI의 소라와 같은 동영상 제작 서비스가 상용화되고 활성화되면 영상 제작에 대한 진입 장벽이 낮아지면서 새로운 롱테일 시장이 발생할 수 있습니다. 봉준호 감독은 영화의 모든 장면을 손으로 미리 다 그려 놓고 촬영하는 것으로 유명한데, 인공지능에 세세하게 프롬프트를 입력할수록 원하는 영상을 얻을 수 있을 겁니다. 이렇게 되면 봉준호 감독처럼 상상력이 풍부한 영화감독 지망생들이 비교적 저렴한 예산으로 화려한 영상을 제작할 수 있습니다. 다만 영화는 상영 시간이 비교적 길기 때문에 초기에는 몇몇 장면만 인공지능 기술을 활용할 수 있을 겁니다. 단기적으로는 영화보다 뮤직비디오와 같은 시장이 더 크게 영향을 받을 것으로 예상합니다. 현재 오픈AI의 소라가 생성하는 영상이 대략 1분 내외 남짓인데, 뮤직비디오는 화면 전환이 빠르고 최대 길이가 노래 길이에 제한되기 때문에 좀 더 빠르게 채용될 가능성이 큽니다.

기술이 개선되고 소라(SORA) 서비스에서 합리적인 이용 가격이 제시된다면 새로운 사업이 나올 수도 있습니다. 영상 제작 장비와 편집 프로그램들이 저렴해지면서 개인 크리에이터나 개인 방송 채널이 생겨나면서 아프리카TV와 같은 사업이 활성화되었었죠. 신입 시나리오 작가나 젊은 감독들이 짧은 드라마나 영화를 비교적 저렴한 가격에 제작할 수 있는 환경이 만들어지면 이 영상들을 유통하는 플랫폼 사업이 등장할 수도 있습니다. 네이버의 웹툰 유통 플랫폼이나 아프리카TV와 유튜브와 같은 영상 유통 플랫폼을 생각해 볼 수 있겠죠. 다만 이 사업은 경쟁이 치열할 것이고, 누가 이길 것이라고 예상하기가 어려워 적절한 투자 대상을 골라내기가 단기적으로는 쉽지 않을 수 있습니다. 그럼에도 분명히 발생할 사업 영역이고 이 사업을 위해 필요한 자원을 가진 여러 후보 사업자들이 추진하게 될 것입니다.

인공지능 서비스와
하드웨어 결합 분야 예측

• 자율 주행 확산의 장애물: 보험

앞에서 자율 주행차의 확산이 쉽지 않은 이유로 귀납적 인공지능의 확률론적 처리 때문이라고 말했습니다. 이를 해결하는 방법은 보험(Insurance)입니다. 여기에서 두 가지 질문이 생깁니다. 첫 번째는 "보험 상품을 과연 누가 만들 것인가?"이고, 두 번째는 "이 보험은 누가 가입할 것인가?"입니다.

일반적으로 보험 상품을 설계할 때 필요한 가장 기본적인 사항은 사고율입니다. 통계적으로 사고가 얼마나 나는지 데이터가 있어야 기댓값을 계산해서 보험료를 책정할 수가 있습니다. 그런데 아직 완전 자율 주행차의 사고율에 대한 통계 데이터가 쌓여 있지 않습니다. 이렇게 되면 초기에는 보험료를 높게 책정할 수밖에 없어서 기존 자동차 보험료 대비 보험료가 높아질 가능성이 높으며, 이는 결과적으로 자율 주행 기능의 확산을 저해하는 요인이 될 수 있습니다.

두 번째 문제는 '사고의 책임을 누가 질 것인가'의 문제이기에 더 어렵습니다. 현재는 사고가 나면 운전자의 과실로 인한 것이니 운전자가 보험을 듭니다. 그런데 완전 자율 주행차는 누가 보험을 들어야 할까요? 운전자는 당연히 자율 주행 프로그램을 만들고 운영하는 곳에서 들어야 한다고 생각할 텐데, 과연 자동차 제조업체나 자율 주행 소프트웨어 개발업체들이 그 리스크를 감당할까요? 최근에 테슬라에서 로보택시를 운영할 계획이라고 발표했습니다. 위 두 가지 면을 고려했을 때, 택시만이 거의 유일한 대안입니다. 보험은 택시 회사가 들면 되니까요. 그리고 보험료 책정도 택시 회사(또는 테슬라) 가진 데이터를 기반으로 적절히 책정할 수 있으니까요. 보험료를 내야 하는 사람과 책임을 질 사람이 명확해지기 때문에 로보택시를 통해 시장에서 테스트하는 겁니다.

그럼에도 일반인이 소유하고 운전하는 자율 주행차는 여전히 이슈가 남습니다. 로봇 택시 등을 통해 오랜 시간에 걸쳐 데이터가 쌓여 적절한 보험료와 사고에 대한 책임 소재를 나눌 수 있을 때가 되어야 완전 자율 주행차가 활성화할 것입니다. 최근에 논의되는 것처럼 카메라냐, 라이다(LiDAR)냐, 레이더(RADAR)냐 등의 기술이나 원가 상승 이슈가 아니라 보험과 관련된 문제가 시장 확산 속도를 결정하게 될 것입니다. 설사 기술이 크게 발전한다고 하더라도 귀납적 인공지능이 가진 내재적 불확실성이 제로가 되지는 않을 테니까요. 그러니 자율 주행 분야에 투자한다면 이 점을 고려하여 투자를 진행해야 합니다.

- **새로운 마케팅 키워드: 인공지능 가전**

기본적으로 하드웨어와 결합된 시장은 그 시장 확산 속도가 빠르지 않습니다. 일반적으로 소프트웨어 중심으로 사업을 진행하는 경우, 한계 비용(Marginal Cost)이 제로에 가까울 정도로 매우 낮기 때문에 한계점을 어느 정도 넘어가면 이익률이 급격히 성장하면서 서비스나 상품의 확산 속도가 매우 빠릅니다. 그러나 하드웨어가 결합하는 순간 한계 비용이 상대적으로 높아지기 때문에 사람들의 생각만큼 사업이 빠르게 성장하지 않습니다. 따라서 이 부분을 고려한 상태에서 미래 시장을 예측해야 합니다.

'인공지능 전용 디바이스 시장은 쉽지 않고, 가전·스마트폰의 일부 기능으로 포지셔닝 될 가능성 높음.'

2024년 CES에서 인공지능 전용 디바이스인 래빗(Rabbit)이 눈길을 끌었습니다. 이는 챗GPT를 전용으로 사용할 수 있는 디바이스입니다. (영화 〈그녀(Her)〉에서 나온 기기와 유사한 형태입니다.) 그리고 애플의 디자이너와 인공지능 전용 디바이스를 준비하고 있다는 뉴스가 나왔습니다. 인공지능 전용 디바이스의 전신은 사실 아마존 에코 스피커와 구글 홈, SK텔레콤의 누구 스피커로 볼 수 있습니다. 인공지능 전용 디바이스는 이들 사례에서 그 미래를 추단해 볼 수 있는데, 기본적으로 두 가지 허들을 넘어야 성공 가능성이 커집니다.

첫 번째는 음성을 포함하여 사용자가 최대한 자연스럽게 사용할 수 있는 인터페이스(Natural User Interface)의 문제이고, 두 번째는 배터리 문제입니다. 음성 인터페이스의 가장 큰 문제는 주변 노이즈로 인해 인식률이 떨어진다는 점과 음성 특성상 보안에 취약할 수 있다는 점입니다. 이런 문제 때문에 다시 터치 인터페이스로 돌아가게 된다면 스마트폰에 경쟁력이 뒤처질 수밖에 없습니다. 이런 단점을 극복하기 위해 차별화된 기능 중 하나로 음성을 활용한 원거리 웨이크업(Wake-up)을 사용할 수 있습니다. (인공지능 스피커에 '알렉사(Alexa)'라고 불러서 스피커를 깨우거나 '아리아'라고 불러서 깨우는 기능을 말합니다.) 이 기능을 활용하려면 기본적으로 계속 마이크가 켜져 있어야 하기에 전원이 문제가 됩니다. 전원 문제는 배터리 문제로 무선 디바이스로 사용하기가 어려워지므로, 소비자의 사용성이 떨어질 수밖에 없습니다. 이런 이유로 인공지능 전용 디바이스의 형태보다는 스마트폰과 같은 다른 디바이스에 부가적으로 탑재되어 서비스를 제공할 가능성이 높습니다.

이렇게 가전, 스마트폰 등 다른 디바이스에 인공지능 기능이 탑재되는 형태가 훨씬 쉽고 이미 진행되고 있습니다. 삼성전자는 갤럭시 AI라는 브랜드를 별도로 만들고 번역, 사진 보정 등 인공지능 기술을 활용한 서비스를 탑재하며 시장을 선도해 나가고 있습니다. 특히 스마트폰은 여러 가전제품 중에서 교체 주기가 2년 내외로 매우 빠른 편이기 때문에 인공지능 서비스가 확산될 수 있는 매우 좋은 기기입니다. 그리고 냉장고나 에어컨 등 다른 다양한 가전제품에도 사물 인터넷

(IoT) 기능과 연계하여 그 작동 방식이 좀 더 똑똑하게 느껴지도록 개선되면서 인공지능이라는 브랜딩을 하면서 발전할 것입니다.

스마트폰은 번역이나 사진 보정 등의 인공지능을 활용한 특정 기능 탑재 외에도 앞에서 언급한 AI Agent 서비스가 확산되는 고객 접점으로서 큰 의미가 있습니다. 갤럭시 스마트폰에는 삼성전자가 자체 개발한 인공지능과 구글의 제미나이(Gemini)가 탑재되어 있고, 최근 애플이 진행한 WWDC 개발자 회의에서 오픈AI와 협력한다고 발표했습니다. 원고를 작성하는 동안에 양대 스마트폰 브랜드와 인공지능 업체 간에 합종연횡이 마무리되어 가고 있습니다.

• **B2C 휴머노이드? B2B 제조 로봇!**

최근에 테슬라에서 휴머노이드 로봇인 2세대 옵티머스를 발표하고, 구글에서는 모바일 알로하(Mobile ALOHA) 프로젝트를 발표했습니다. 여기에 챗GPT가 연동된 휴머노이드 로봇 영상도 공개되면서 기대감을 높이고 있죠. 로봇공학 쪽에서도 현격한 발전이 이루어지고 있는 것은 분명한 사실이고, 빅테크들이 미국의 로봇 업체에 큰 투자를 하고 있는 것도 사실입니다. 특히 사람의 손동작을 유사하게 따라 하게 되면서 많은 활용 가능성을 보여 주고 있습니다.

그러나 휴머노이드 형태의 디바이스가 B2C 시장으로 들어오기 위해서는 여전히 오랜 시간이 걸릴 것입니다. 기본적으로 휴머노이드

디바이스는 자율 주행차와 유사한 문제점을 가지고 있고, 사람들의 일상 공간으로 들어오려면 여전히 많은 제약이 있습니다. 배터리 등 기본 기능의 문제, 안전에 대한 규제 문제, 가사를 대신하려면 기본적인 크기가 필요하기에 기본적인 공간 확보의 문제 등 여러 문제들이 산적해 있습니다. 그나마 가능성이 높은 B2C 휴머노이드 시장은 리얼돌(Real-doll)의 역할을 하는 기능이 하나의 킬러 서비스(Killer Service) 영역이 될 수 있을 것입니다. 젊은이들이 결혼을 미루고 연애도 포기하는 트렌드이기에 이 기능을 타깃으로 하는 시장이 생겨날 수 있습니다. 굳이 상상을 해 본다면 생성형 인공지능이 본인의 이상형에 맞는 이성의 모습을 그려 내고, 이를 3D화하여 휴머노이드 형태로 제작하고, 클라우드를 통해 인공지능과 연결해서 작동하게 된다면 가능성이 없지는 않을 것입니다. 그러나 투자로서의 매력도는 약간 다른 문제입니다. 투자로서 가치가 있으려면 소위 말하는 메이저 플레이어들이 투자해야 합니다. 그래야 전체 시가 총액이 커지면서 수익률이 높아집니다. 메이저 플레이어들은 윤리적 이슈로 인해 안 좋은 여론이 일어날 수 있는 영역에 투자하기를 꺼립니다. 명성에 흠집을 낼 수 있는 곳에 투자하려 하지 않을 것입니다. 이러한 윤리적 이슈 외에도 보안 이슈가 상당히 큽니다. 집 안이나 개인 공간에 들이는 디바이스가 클라우드에 연결되어 있으므로 개인 정보 보호 등 보안 문제와 맞물리게 됩니다. 이렇게 가격, 윤리적 시선, 보안 문제 등이 걸려 있어서 시장 확산 속도는 상대적으로 느릴 수밖에 없을 것입니다. 이러한 점을 고려한다면 B2C 휴머노이드 사업에 대한 투자는 타이밍을 고려하여 조심스럽게 투자해야 합니다. 참고로 테슬라가 지속하는 이유는 기술적 우위를 위한 홍보 효과도 존재하고, 여기서 축적된 로봇 기술을 변형하여 자체 공장에 활용할 수 있는 기본적인 수요가 있기 때문입니다.

"가장 성장성이 기대되는 하드웨어 결합 분야는 제조업 혁신의 B2B 용 로봇이다."

이 영역은 단기간에 가장 빠르게 성장할 수 있는 영역입니다. 많은 곳에서 AI 로보틱스를 이야기하고 있으며 휴머노이드 영상들이 인기를 끌고 있지만, 현실적인 사용처는 바로 제조업 공장입니다. 이미 제조업 공장 등에서는 로봇이 많이 활용되고 있었고, 아마존과 같은 회사는 물류 센터에 많은 로봇을 활용하고 있습니다. 이 영역은 경제성 분석이 비교적 확실히 나타나고 기업들이 필요해서 인공지능을 도입할 것이기 때문에 결합 역량 또한 별문제가 되지 않습니다. 그리고 기업들이 내부에서 인공지능과 하드웨어가 결합된 형태로 사용할 것이기 때문에 리스크도 자체적으로 관리할 수 있습니다. 앞에서 언급한 중요한 세 가지 요소가 모두 해결될 수 있으므로 이 영역이 가장 빠르게 성장할 것으로 예상합니다.

이 영역에서 경제성에 영향을 미칠 요소 중 기술적 요소는 인공지능 개발 비용을 절감할 수 있는 두 가지 기술을 고려할 수 있습니다. 하나는 일종의 신경망 압축 기술에 해당하는 것으로, 최근에 마이크로소프트에서 발표한 논문입니다. 신경망의 가중치(weight) 값이 부동소수점(Floating) 연산을 처리해야 하기 때문에 GPU의 컴퓨팅 파워를 많이 사용하게 되는데, 이 부분을 정수(Integer) 값으로 치환하여 계산해도 신경망 층이 클 경우 충분히 성능이 나올 수 있다는 결과를 보여 주었습니다. 이는 연산량을 대폭 줄일 수 있으므로 인공지능 개발과 사용에 있어서 비용을 상당히 낮출 수 있을 것으로 예상합니다. 또 한 가지는 액체 신경망(LNN, Liquid Neural Network)이라는 기술입니다. 예를 들어, 영상 처리에서 모든 배경을 처리하는 것이 아니라 집중해야 할 오브젝트를 중점적으로 처리하는 것입니다. 이는 신경망의 크기를 줄여서 경제성을 크게 개선할 수 있습니다. 이는 온디바이스(On-device) 인공지능과도 구별되는데, 학습 클라우드와 연결하지 않고 로컬 프로세서(Local Processor)에서 처리할 수 있기 때문에 배터리 문제도 크게 개선할 수 있습니다. 그렇게 되면 하드웨어 비용까지 절감할 수 있어서 근본적인 해결책이 될 수 있습니다.

작년부터 로봇 관련 주식들이 주식 시장에서 폭등한 이유도 이런 상황에 대한 예측으로 움직였다고 볼 수 있겠죠. 그리고 테슬라의 옵티머스 시리즈나 스탠퍼드대학교와 구글의 모바일 알로하 등 휴머노이드 형태의 로봇이 나와서 기술의 발전을 보여 주었습니다. 이 과정에서 개발된 손가락 움직임과 같은 세부적인 기술들은 산업 현장에서 다양한 형태로 재조합되어 많이 활용될 것입니다. 또한 최근 나타나고 있는 리쇼어링(Re-shoring, 제조업의 선진국으로의 귀환)이나 니어쇼어링(Near-shoring, 제조업을 선진국과 지리적으로 가까운 인접국으로 가져오는 것)은 이런 현상을 더욱 부채질할 것입니다.

- ### 경제성 고려가 필요 없는 군사 영역

　인공지능의 미래 시장의 확산 속도를 판단하는 요소 중 하나로 경제성을 가장 첫 번째로 꼽았습니다. 결국 시장이라는 곳은 수익을 창출하기 위한 공급자와 최대의 효용을 원하는 수요자 만나는 곳이니까요. 하지만 군사 영역은 비용 이슈보다는 경쟁 우위를 만들 수만 있다면, 비용에 관계없이 투자가 벌어지는 분야입니다. 특히 미국의 경우, 세계 군사력을 압도하고 있고, 록히드마틴과 같은 군사 무기 관련 세계적 기업들이 있습니다. 현재 미국의 차세대 전투기는 인공지능을 활용하여 조종사 한 명이 여러 대의 비행기를 한 번에 모는 기술이 개발되고 있다고 합니다. 영화 〈탑건 매버릭〉을 보면 여러 조종사를 훈련시키고, 실전에 투입하기 위해 선발하는 과정이 나옵니다. 그런데 매버릭 같은 비행사가 여러 명일 수 있다면 어떻게 될까요? 완전 무인 비행기를 만드는 방식이 아니라 한 명은 자신의 전투기를 몰고, 다른 전투기는 인공지능으로 그 한 명의 통제를 받아 무인으로 동작한다고 합니다. 바로 한 사람이 여러 명의 일을 해내는 '슈퍼 휴먼'의 등장 상황입니다. 이 방식은 인공지능이 갖는 리스크의 관리는 그 최정에 한 명이 감당하게 됩니다. 그리고 결합 역량 측면에서도 군사 분야는 이해관계 충돌의 이슈가 없습니다. 보안이 매우 중요하기 때문에 군사 기업이나 군대에 인공지능 전문가가 채용되어 업무가 진행될 가능성이 높아서 결합 역량을 높이는 데의 장애 요인도 거의 없습니다. 따라서 시장 확산 속도에 영향을 미칠 경제성, 결합 역량, 리스크 관리 등 세 가지 측면에서 속도를 늦출 요인이 거의 없습니다.

　최근 한국의 방산 기업들이 주목받고 있는데, 미국의 무기 체계를 그대로 사용하고 있기 때문에 인공지능을 활용하는 측면에서 유리한 상황에 놓일 가능성이 높습니다. 이 분야는 인공지능이 조속하게 적용되고 활용될 가능성이 높습니다. 그리고 인공지능이 해킹당하지 않기 위한 보안이 더욱 중요할 수 있습니다. 군사 분야에 대한 인공지능 기업 투자는 생각보다 기회가 없을 수도 있습니다. 군사 장비 제조업체가 직접 내재화하여 진행할 가능성이 높기 때문입니다. 오히려 보안 관련된 분야에서 투자 기회가 더 나올 수 있습니다.

　여기에 국제 정세적인 환경도 군사 영역에서의 인공지능 활용에 부스터 역할을 하고 있습니다. 러시아-우크라이나 전쟁, 이스라엘-하마스 전쟁 등 국지전이 발발하고 있는데, 여기에 미사일뿐만 아니라 무인항공기(UAV), 드론 등 다양한 초경량 비행장치들이 실제로 전장에서 쓰이고 있습니다. 여기에 귀납적 인공지능을 탑재한다면 성능을 혁신적으로 높일 수 있습니다. 그리고 꼭 무기와의 결합뿐만 아니라 적국의 정보를 분석하는 데도 인공지능이 활용될 수 있습니다. 통신 기록 등을 분석하여 적군의 주요 인사를 파악하고 정밀 타격을 했다는 뉴스도 나옵니다. 인공지능의 활용 분야 중 하나가 데이터 분석(Data Analytics)인데, 하드웨어와의 결합 외에도 활용될 수 있는 부분이 많이 있습니다. 여기에 미국이 나토(NATO) 국가들에 방위비 분담을 계속 요구하고 있는 데다가, 여러 국지전으로 많은 국가들이 국방비 관련 예산을 늘리고 있기 때문에 군사 영역은 경제성 관련 문제가 상대적으로 낮아질 것입니다.

• 규제의 부메랑: '중대재해처벌법'

경제성 측면에서 비기술적 요소 중 규제 환경적 요소에서 고려할 부분은 '중대재해처벌법'입니다. 예를 들어 최근 조선업에서 계속 수요가 들어오는데, 용접 인력을 구하는 것이 쉽지 않다고 합니다. 그리고 용접 인력은 배를 건조하면서 위험한 상황에 직면하는 경우가 많습니다. 그런데 아무리 안전 교육을 하고 안전 조치를 취해도 근로자들의 안전 부주의로 추락 사고 등이 발생하는 경우가 많아 고용자 입장에서 매우 골치가 아픈 상황이 벌어지고 있습니다. 여기에 중대재해처벌법은 이러한 고용주의 부담을 더욱 가중시킵니다. 이 경우, 용접 로봇을 도입하는 것이 실제 인건비보다 비싸더라도 도입이 훨씬 쉬워집니다. 일반적인 경제성 측면이라면 인건비보다 싸야 도입이 되겠으나, 중대재해처벌법 규제로 인하여 발생하는 기업의 부담이 원가 상승 요인으로 작용하여 로봇 도입 비용의 허들을 낮춰 주는 현상으로 나타나게 됩니다. 즉, 이 규제는 배를 만드는 간접적인 원가를 높여 줌으로 인해서 인공지능 로봇이 도입 활성화에 도움이 될 수 있는 요소로 작동한다는 의미입니다. 바꾸어 말하면 중대재해처벌법이 도입되면서 건설업, 조선업 등 위험한 작업이 수행되는 곳에서 인공지능 로봇을 통해 전문 인력을 대체해야 할 인센티브를 제공하는 것입니다. 최근 국내 조선업 수주가 늘어나고 있는데, 용접공이 부족한 상황이라고 합니다. 한 회사는 용접공이 추락하는 사고가 심심치 않게 일어나서 비용이 얼마가 들더라도 인공지능 탑재 로봇 성능만 만족하게 나오면 구매할 의향이 있어 실제 테스트를 해 보고 있다고 들었습니다. 이러한 인공지능 로봇이 상용화된다면 기존의 비용 구조 개선뿐만 아니라 야간작업까지 무리 없이 진행할 수 있어서 공사 기간 단축 등 생산성 향상 효과까지 누릴 수 있을 것입니다.

• 마지막 고려 요소: 글로벌 경쟁 다이내믹스

이 분야에서 한 가지 추가로 고려해야 할 사항이 있습니다. 그것은 바로 지정학적 변화입니다. 과거 두 번의 IT 혁명은 세계 질서가 미국을 중심으로 협력이 원활하던 시기였습니다. 미국에서 먼저 특정 영역에서 좋은 투자 기회가 생기면 다른 국가나 지역에서도 패스트 팔로어들이 나와서 또 다른 기회가 생겼죠. 이런 기업들이 글로벌로 진출하여 그 성장성에 대한 가치 평가가 긍정적이던 시절이었습니다. 그러나 2020년대 들어서면서 미국이 중국에 제재를 가하기 시작했고, 현재는 지정학적으로 다시 세계가 크게 두 진영으로 분할되고 있습니다. 만약 이러한 지정학적 변화가 없었다면 인공지능 로봇과 관련된 하드웨어 제조 분야는 중국 이외 나라들은 가격 경쟁력을 가지기 어렵습니다. 최근 전기차에 대한 중국의 가격 공세를 보면 알 수 있습니다. 다른 모든 나라들이 두려워하는 상황입니다. 이 문제를 해결하기 위해 각국 정부는 관세 등을 무기로 자국의 산업을 보호하려 하고 있습니다. 인공지능과 하드웨어와 결합된 B2B 분야의 성장성이 가장 높을 걸로 예상되나 보호 무역주의, 인공지능과 하드웨어 패키징 경쟁력, 플레이어 간의 이합집산 등 변수가 많아 쉽게 승자를 예측하기가 어렵습니다만, 비중국 기업들에게도 기회가 있을 수 있다는 점은 상대적으로 투자 기회는 늘어날 수 있으나 정치적 요소는 언제든 변할 수 있으므로, 투자 수익률은 조금 낮게 잡고 리스크 관리를 하는 것이 좋을 것입니다.

누구나 얘기하지만 인공지능은 진정으로 피할 수 없는 미래입니다. 인공지능 기술의 발전 속도가 너무 빨라서 이 책을 집필하는 몇 개월 사이에도 미래에 대한 예측이 이미 과거형이 되어 버린 것들도 있습니다. 이 책을 통해서 독자 여러분들에게 지금의 인공지능이 컴퓨터 발전 역사상에서 어떤 의미를 갖고 있는지, 그리고 어떻게 시장과 상호작용 할지에 대해서 좀 더 현실적인 상황 예측과 투자 성공률을 높여 드릴 수 있다면 저도 기쁘겠습니다.

이미 인공지능은 사람들의 생활과 업무 처리 방식이 변하게 만들고 있습니다. 그리고 이러한 기회를 잘 활용하는 스타트업들은 새로운 유니콘들로 성장해 나갈 것이며, 이 기회는 앞으로 최소 10년은 벌어질 것입니다. 인공지능을 잘 활용하는 사람과 기업은 새로운 부의 창출 수단을 보유하게 되어 인류 역사의 변곡점에서 새로운 시대를 주도하게 될 것입니다. 다만, 이 과정에는 여러 함정이 도사리고 있어 신중하게 접근하지 않으면 실패할 가능성이 큽니다. 그렇다고 피할 수는 없습니다. 근본적인 사회 구조에 변화가 나타날 것이기에 특히 젊은 세대일수록 밀려오는 파고에 대비하여 살아남아야 합니다.

1. 인공지능 시대를 선도하기 위한 고려 사항

"이미 레이스는 시작되었다. 멈출 수 없는 경쟁에서는 머뭇거리면 안 된다."

인공지능 분야에 대한 투자와 경쟁은 향후 10년 이상을 끌어갈 주제입니다. 인공지능을 인류의 새로운 생산 수단 확보 경쟁이라는 측면에서 본다면 이 분야에서 주도권을 잡기 위한 경쟁은 매우 치열하게 벌어질 것입니다. 오픈AI의 샘 올트먼 축출 사태로 한때 시끄러웠죠. 그 내부에서 개발 속도를 늦추자고 주장했던 인물들이 다른 회사로 옮긴 것으로 압니다. 또한 세계적 석학들이 인공지능의 위험성에 대해서 경고하면서 다 같이 개발 속도를 늦추어야 한다고 주장하고 있죠. 그러나 이런 주장은 조용히 묵살될 것으로 보입니다. 역사적으로 봐도 핵폭탄이 개발되자 반대하는 운동이 크게 일어났으나, 핵무장 경쟁은 결코 사그라들지 않았습니다. 이 경쟁에서 어느 한쪽이 확실히 이기거나 아니면 도저히 제압할 수 없겠다고 판단한 후에야 평화 협상이나 핵 감축 협상을 추진했죠. 그나마 제프리 힌턴 교수처럼 구글에서 나와서 위험성을 경고하는 분의 순수성은 이해합니다. 하지만 이미 글로벌 경쟁이 붙은 상황에서 이런 분들의 순수성은 힘이 없습니다. 반면 일론 머스크처럼 이미 이 경쟁에 들어와 있는 사람이 주장하는 속도 조절론은 자신의 경쟁력을 확보하기 위한 시간 벌기용으로 보입니다. 힘과 경쟁 논리가 이미 붙은 상황에서는 유명한 사람들의 주장은 적절한 수준에서 참고만 해야 합니다. 만약 이런 목소리들에 의해 국내에 글로벌 수준 대비 과도한 규제가 가해진다면 규제가 가장 덜한 곳으로 투자를 옮겨야 합니다. 규제는 사업을 망하게 할 수 있습니다. 지금은 글로벌 투자에 대한 접근성이 좋은 시기입니다. 따라서 투자자라면 글로벌 투자로 새로운 기회를 찾아야 합니다.

"인공지능 관련 윤리적 딜레마가 있을 때는 일단 산업을 만드는 방향으로 추진해야."

"운전 중에 갑자기 보행자가 튀어나올 경우, 운전대를 꺾어야 하는가, 그대로 가야 하는가?"

이 질문은 몇 년 전 자율 주행차 얘기가 나왔을 때 나왔던 유명한 윤리적 딜레마 문제입니다. 과연 무엇이 옳은 결정이냐는 문제로 한참 시끄러웠고, 윤리적 기준으로는 정답을 내기가 참 어려운 문제입니다. 그러나 제가 생각하는 나름의 정답이 있습니다. 그건 "운전대를 꺾지 않고 그대로 가야 한다."입니다. 이런 문제는 전체 최적화의 관점이 아니라 부분 최적화의 관점으로 풀어야 합니다. 부분 최적화의 관점이란 자율 주행차 제조사와 구매자(운전자)의 관점에서 보면 답이 나옵니다. 만약 여러분이 자율 주행차 구매자라면 운전자의 목숨보다 보행자의 목숨을 더 중요하게 판단하는 차를 구매하시겠습니까? 즉, 차량 제조사는 차량 구매자의 입장을 고려하여 운전자 보호 중심으로 우선순위를 할당할 것입니다. 그래야 차량이 팔릴 테니까요. 윤리적인 딜레마인 상황은 분명하고 당연히 이슈가 될 수 있습니다. 그러나 이 딜레마 때문에 보행자 우선으로 우선순위를 할당한다면 새로운 상품이나 산업이 생겨날 수 없습니다. 일단 새로운 상품이 출시될 수 있도록 조정하고, 이후에 발생할 수 있는 사고를 줄이기 위한 노력은 규제와 교통 법규 등으로 풀어야 합니다. 인공지능 도입과 관련되어 윤리적 이슈에 대한 토론들도 많이 이루어지는 걸 봅니다. 그러나 막상 그 토론 내용은 아쉬울 때가 많습니다. 올 가능성이 낮은 미래를 두고 고민을 하거나, 사실은 인공지능의 문제가 아니라 그것을 다루는 인간의 문제인데 잘못 이해하는 경우를 보게 됩니다. 개인적으로 이런 논쟁은 별로 효용이 없다고 생각합니다.

물론 앞으로도 인공지능과 관련된 윤리적 딜레마가 추가로 나올 수도 있습니다. 그러나 이럴 때는 일단 산업이 만들어질 수 있는 방향으로 먼저 진행하는 것이 더 바람직하다고 생각합니다. 투자 관점에서도 투자 수익률을 조금 낮추더라도 기회가 없는 것보다는 나은 것 아닐까요?

마지막으로 한국의 미래를 생각한다면, 미국이 규제를 강화하기 전에 한국은 총력을 기울여서 따라잡아야 합니다. 미국을 앞지를 수는 없어도 최대한 보조를 맞추며 따라가야 합니다. 최근에 K-방산이 주목을 받고 있습니다. 세계 1위인 미국의 국방 기술력과 호환이 되면서 가격이 상대적으로 저렴하니 주목을 받고 있는 것입니다. 이런 측면에서 한국의 인공지능도 미국이 본격 규제를 강화하기 전에 따라잡아야 합니다.

2. 인공지능 시대를 개척할 사람들을 위한 제언

• 인공지능 분야 투자자를 위한 제언

2024년 상반기까지는 인공지능 인프라와 관련한 기업들이 크게 성장했습니다. 이제부터는 인공지능을 활용한 응용 분야에서 유니콘들이 나타날 가능성이 큽니다. 특히, 앞으로 인공지능 분야 투자는 B2B 분야, 즉 인공지능을 잘 활용하여 기업·정부를 대상으로 새로운 가치를 창출하는 기업들을 우선으로 고려하는 것이 좋을 것입니다. 특히 '경제성, 결합 역량, 리스크 관리'라는 세 가지 핵심 요소를 잘 다루는 것으로 판명된 기업이라면 과감한 투자도 시도해 볼 만합니다. 인공지능 분야에는 계속 새로운 기업들이 나타날 텐데, 이 책에서 제시한 기준으로 한 번만 걸러 내도 투자 실패 확률이 크게 떨어질 것입니다.

• 인공지능을 도입하고 활용하고자 하는 경영자와 의사 결정자를 위한 제언

기업에 인공지능을 도입하려는 경영자와 조직의 의사 결정자는 조직구조 설계부터 새롭게 해야 합니다. 일반적으로 새로운 사업이나 기술을 도입하려고 하면 기존 조직이 반발할 수 있습니다. 그래서 경영학에서는 아예 분리된 조직을 꾸리고 별도의 의사 결정 체계를 갖추라고 이야기합니다. 그러나 인공지능의 도입은 그 방법이 작동하지 않습니다. 인공지능을 학습시킬 데이터가 바로 기존 조직에 쌓여 있기 때문입니다. 따라서 일반적으로 별도의 연구 조직 등에서 진행하는 방식은 모두를 힘들게 할 뿐입니다.

기업별로 적용하는 수준에 따라서 해법이 달라질 것입니다. 먼저 전문가에게 간단한 상담이나 컨설팅을 받은 후에 진행하는 것도 좋은 방법입니다. 그게 아니라면 최소한 최고 경영자가 담당하는 조직 구조를 만들되 여기에 인공지능 전문가 조직과 데이터를 가진 조직을 모두 포함해야 합니다. 그 후에 효과적인 커뮤니케이션과 협력으로 문제를 풀어 가야 성공적으로 관련 업무를 진행할 수 있을 것입니다. 이런 분야에서 컨설팅을 진행하는 업체들도 있으니 이들과 함께 먼저 가능성을 점검한 후에 도입하는 것도 바람직합니다.

• 미래 세대를 위한 제언

만약 이 책을 읽는 독자가 20대 이하 미래 세대라면 크게 두 가지 방향으로 준비해야 합니다.

첫 번째는 챗GPT와 같은 서비스들을 잘 활용할 수 있는 역량을 기르는 일입니다. 인터넷이 등장하던 시기에는 검색과 관련된 능력이 기본적인 차별화 역량이 되었습니다. 이처럼 새로운 툴을 잘 사용할 수 있는 능력을 길러야 합니다. 여기에다 인공지능 답변과 기능을 무조건 믿지 말고 의심해 보는 과정을 반드시 거쳐야 합니다. 앞에서 여러 번 말했지만, 그 결과가 확률론적이기 때문입니다. 틀릴 확률이 존재한다는 말입니다.

두 번째는 여러 분야의 지식을 통섭적으로 사고하는 훈련을 해야 한다는 것입니다. 자신의 전문 분야와 인공지능에 관한 지식을 동시에 쌓은 후에 이 둘의 결합 역량을 키워야 합니다. 대학에서 컴퓨터공학을 부전공으로 하는 것도 방법입니다. 그리고 자신의 전문성에 대한 목표 수준을 인공지능을 개발하고, 활용하고, 감시할 수 있는 수준까지 올려야 합니다.

새로운 기술의 등장은 새로운 가능성을 가져옵니다. 그중 많은 기술은 시장에 제대로 확산되지 못하고 사라집니다. 그러나 귀납적 인공지능은 컴퓨터를 활용하는 측면에서 완전히 새로운 가능성을 열어줄 것입니다. 그리고 우리는 인공지능을 잘 활용하면서 인공지능과 함께 살아가야 합니다. 이 책이 독자 여러분의 인공지능 분야에 대한 이해를 높이는 데 조금이나마 도움이 되길 바랍니다. 주식 투자자는 엄한 주식을 사서 꼭지에서 물리는 일이 없도록 유용한 정보가 되기를, 미래 세대는 인공지능을 자신의 무기로 삼을 수 있는 역량을 키우는 계기가 되기를 희망합니다.